M. Avanzi

LE FURET

ÉDITIONS DE VECCHI S.A.
52, rue Montmartre
75002 PARIS

Malgré l'attention portée à la rédaction de cet ouvrage, l'auteur ou son éditeur ne peuvent assumer une quelconque responsabilité du fait des informations proposées (formules, recettes, techniques, etc.) dans le texte.
Il est conseillé, selon les problèmes spécifiques – et souvent uniques – de chaque lecteur, de prendre l'avis de personnes qualifiées pour obtenir les renseignements les plus complets, les plus précis et les plus actuels possible.

Je souhaiterais remercier mes amis et collègues Massimo Millefanti, pour m'avoir donné la possibilité d'écrire ce livre et ses précieux conseils, et Fabrizio Benini, pour avoir gentiment accepté de relire le texte.
J'adresse aussi de chaleureux remerciements à Flavio Nicoletti et Monica Marchetti, éleveurs passionnés de nombreux animaux, qui ont patiemment mis à ma disposition leurs petites familles de furets pour que je les photographie.

Directeur de collection : Massimo Millefanti

Traduction de Cécile Breffort

Photos de l'auteur

Dessins de Chiara Dissette

Imprimé en Italie

Sommaire

Introduction

Bien qu'on le range traditionnellement dans la catégorie des animaux exotiques, le furet est un animal domestique au sens propre, d'origine européenne et élevé par l'homme depuis plus de 2 000 ans. Posséder un furet ne revient donc pas à faire acte de bizarrerie et d'excentricité, comme c'est en revanche le cas pour beaucoup d'animaux exotiques (pour de vrai) maintenus en captivité et qu'il vaudrait mieux laisser dans leur milieu naturel car ils supportent mal une vie de reclus.

Le furet est un animal docile, joyeux, intelligent, sociable et capable de procurer autant de satisfactions qu'un chien ou un chat.

De taille réduite, silencieux et propre, il s'adapte parfaitement à la vie en appartement, sans souffrir du manque d'espaces en plein air. Sa facilité d'élevage le rend idéal pour quiconque s'avère prêt à lui consacrer un peu de temps et d'attention. Il faut bien entendu connaître les particularités de sa physiologie, qui par certains côtés se distingue nettement de celle des chiens et des chats.

Ce livre a pour but de fournir toutes les informations que les candidats à l'achat et à l'entretien d'un furet ne possèdent pas toujours et ont du mal à recueillir. La nécessité d'offrir une alimentation spécifique, de procéder à la stérilisation et aux vaccinations sont des choses qui, si elles sont ignorées, peuvent occasionner des maladies et provoquer la mort du furet.

Cet ouvrage traite de tous les aspects de l'élevage du furet, depuis l'achat jusqu'au logement, en passant par la reproduction et les maladies. Je souhaite qu'il permette d'éviter des erreurs et qu'il fournisse de judicieux conseils pour rendre la cohabitation avec ce sympathique animal plus sûre et plus simple.

La famille des Mustélidés

Connu sous le nom scientifique de *Mustela putorius furo*, le furet est un mammifère appartenant à la famille des Mustélidés.
En latin, *putorius* signifie « puant », et *furo*, « voleur ». L'adjectif « puant » se réfère à la puissante odeur musquée que les furets (à l'instar des putois, leurs ancêtres) exhalent par leur peau, à moins d'avoir été stérilisés. Le terme « voleur » s'avère lui aussi justifié : le furet aime en effet cacher ses proies au fond de son terrier et continue de se comporter ainsi même en appartement, chaque objet considéré comme intéressant étant dérobé et dissimulé dans le moindre recoin inaccessible. Attention, par conséquent, aux porte-clés, aux cartes de crédit, aux pièces de monnaie et aux billets de banque !
Les Mustélidés constituent la famille de carnivores qui comprend le plus grand nombre d'espèces (65, regroupées en 25 genres). On les trouve sur tous les continents, à l'exception de l'Australie et de l'Antarctique. Leur apparition sur la Terre remonte au début de l'oligocène, il y a 38 millions d'années. Avec ses 35 à 70 g, la belette (*Mustela nivalis*) est le plus petit à la fois des Mustélidés et des carnivores, cependant que la loutre de mer (*Enhydra lutris*), le plus grand des Mustélidés, peut atteindre 35 à 40 kg. Tous les Mustélidés possèdent des glandes situées de chaque côté de l'anus (les sacs anaux), bien développées et représentant chez certaines espèces des armes de défense particulièrement efficaces. Les mouffettes (voir page 88 et suivantes), par exemple, sont en mesure de propulser le

Le furet est un merveilleux animal de compagnie et n'a aucun lien de parenté avec les autres petits mammifères domestiques que l'on trouve dans les animaleries, comme les hamsters et les cobayes, qui appartiennent à l'ordre des rongeurs

LA CLASSIFICATION

Classe	Mammifères (Mammalia)
Ordre	Carnivores (Carnivora)
Superfamille	Canidés (Canoidea)
Famille	Mustélidés (Mustelidae)
Sous-famille	Mustelinés (Mustelinae)
Genre	*Mustela*
Espèce	*putorius*
Sous-espèce	*furo*

contenu de ces poches jusqu'à 2 ou 3 m de distance (le furet, heureusement, s'en avère incapable). La forme du corps varie parfois beaucoup, mais est généralement allongée, avec de courtes pattes. La plupart des espèces sont carnivores : les furets sont en effet de très habiles prédateurs. Outre le furet, cette famille rassemble : le vison (*Mustela vison*), l'hermine (*Mustela erminea*), le putois d'Europe (*Mustela putorius*), le furet aux pieds noirs (*Mustela nigripes*), la martre (*Martes martes*), le glouton (*Gulo luscus*) et le blaireau (*Meles meles*).

L'origine

On estime que le furet domestique (*Mustela putorius furo*) dérive de la domestication du putois européen (*Mustela putorius*). Le terme *furo* désigne en effet une sous-espèce du putois, auquel le furet ressemble d'ailleurs beaucoup et avec lequel il peut engendrer une nichée fertile. D'après plusieurs documents historiques, les furets auraient été domestiqués pour la première fois vers 1300 av. J.-C. par les Égyptiens qui s'en seraient servis pour lutter contre les rongeurs, avant de les remplacer par les chats supportant mieux le climat chaud.

Les furets actuels dérivent probablement de la domestication entamée il y a 2 000 ans en Europe par les Grecs et les Romains, qui utilisaient ces petits mammifères agiles pour chasser (un emploi toujours en vigueur dans certaines régions d'Europe), en exploitant leur aptitude à se glisser dans les terriers et les galeries creusées par le gibier. Relativement récente, la popularité des furets en tant qu'animaux de compagnie repose sur la découverte moyennant quoi la stérilisation permet de supprimer définitivement l'odeur caractéristique qu'ils dégagent et qui les rendrait inaptes à la vie en appartement.

LE FURET AUX PIEDS NOIRS, LE VÉRITABLE FURET AMÉRICAIN

Il existe une espèce de furet originaire des États-Unis : le furet aux pieds noirs (*Mustela nigripes*). Il s'agit d'un animal sauvage, dont la détention en captivité est interdite. Considéré comme le plus rare des mammifères américains, il a échappé de peu à l'extinction puisqu'on comptait seulement 31 exemplaires vivants en 1985. Il se nourrit en effet presque exclusivement d'un type de rongeur, le chien de prairie, qui a été largement décimé au siècle dernier. La situation commence maintenant à s'améliorer, et l'on dénombre de petites colonies établies dans les prairies d'Amérique du Nord.

FURET ET PUTOIS : UNE SEULE ET MÊME ESPÈCE ?

Une certaine confusion règne encore sur la question de savoir si, au-delà de leur classification scientifique, le furet et le putois peuvent être considérés comme une sous-espèce l'un de l'autre. En dépit de leur apparence très semblable et de leur même nombre de chromosomes, on relève en effet d'importantes différences anatomiques concernant la structure du crâne et de l'œil. Le fait que le furet et le putois produisent ensemble une progéniture féconde ne prouve pas nécessairement qu'ils appartiennent à la même espèce : le cas se présente également chez différentes espèces de félins ou de Mustélidés. La plupart des auteurs s'accordent néanmoins aujourd'hui pour déclarer que le furet constitue une sous-espèce du putois et que les différences résultent de la sélection opérée par l'homme au fil des siècles.

La diffusion de ce sympathique animal atteint son sommet aux États-Unis, où l'on recense des millions de furets domestiques. Voilà pourquoi l'Amérique, qui range ce petit Mustélidé au sein de ses animaux de compagnie préférés, fait figure de référence en matière aussi bien médicale et scientifique que commerciale. On y compte en effet une multitude de clubs et associations de passionnés, de refuges pour furets abandonnés, de fabricants d'articles spécifiques (aliments industriels, cages, jouets, hamacs, etc.), de sites Internet et de revues spécialisées.

Animal domestique ou sauvage ?

La loi considère le furet comme un animal domestique à tous les égards : en effet, son achat ou encore sa détention ne nécessite aucun document ou autorisation spécifique. Citons à ce propos cette déclaration à caractère officiel du Département de la Faune Sauvage du ministère de l'Environnement qui qualifie le furet d'animal de compagnie :

Le furet est un animal domestique, à l'instar du chien et du chat

*« Le furet (*Mustela putorius furo*), forme domestique sélectionnée à partir du putois (*Mustela putorius*) avec lequel il s'avère interfécond, ne saurait être considéré comme une espèce sauvage autochtone et ne semble pas présenter de populations sauvages naturalisées sur le territoire national.*
Cette entité faunique ne figure donc pas parmi les espèces protégées par la loi. Vu l'augmentation récente et notable des furets vivant au sein d'habitations privées en qualité d'animaux de compagnie, il convient de souligner l'importance de les détenir dans des structures de captivité appropriées, pour éviter toute fuite accidentelle susceptible de comporter des risques biologiques pour le putois, une espèce jugée vulnérable dans notre pays. Le furet peut en effet s'établir dans la nature en formant des populations productives ; la naturalisation du furet a par exemple été enregistrée en Grande-Bretagne et en Nouvelle-Zélande.

Après des siècles de sélection opérée par l'homme, le furet est devenu un animal complètement domestique et docile. Bien qu'il soit redevenu sauvage dans certaines régions, un furet enfui ou abandonné a dans la plupart des cas très peu de chances de survivre plus de quelques jours, dans la mesure où il dépend désormais entièrement de l'homme pour satisfaire ses besoins.
Il suffit de penser qu'aux États-Unis, où les furets domestiques se comptent par millions, on n'enregistre aucun retour à l'état sauvage d'une quelconque population.

POURQUOI UN FURET ?

Quiconque choisit un furet comme animal de compagnie se décide souvent sous l'influence de ces préférences personnelles qui poussent à opter pour un chien ou un chat (et vice versa), sans néanmoins très bien savoir pourquoi. Le furet est un animal parfaitement adapté à la vie en appartement, silencieux, facile à élever, intelligent, affectueux et très vif. Il n'est pas nécessaire de le sortir tous les jours, comme le demanderait en revanche un chien, même s'il ne manifeste pas toujours autant de zèle qu'un chat dans l'usage de sa litière.
Ce qui retient le plus l'attention chez un furet, c'est son incroyable vivacité, sa drôle de façon de se mouvoir, son aspect sympathique. Cet animal a vraiment le don d'amuser et l'on peut passer des heures à le regarder sans s'ennuyer, surtout s'il a la possibilité de jouer et d'interagir avec un autre furet.
Certes, on ne peut pas dire qu'il convienne particulièrement aux très jeunes enfants, mais cette remarque devrait s'appliquer à presque tous les animaux.

Difficile de résister à un aussi joli petit museau

Carte d'identité

La morphologie

Le furet possède un corps allongé, des membres trapus et une colonne vertébrale si souple qu'il peut se retourner à 180° dans un espace particulièrement exigu. Cette structure lui permet de s'introduire aisément dans les terriers du gibier, mais aussi de se glisser dans les moindres recoins de la maison et de s'échapper ou de se mettre rapidement dans le pétrin. La tête triangulaire, plus large chez les mâles et plus pointue chez les femelles, offre deux petits yeux ronds dont la couleur varie du noir au marron, en passant par le rouge (chez les sujets albinos). Les oreilles de taille réduite produisent une quantité notable de cérumen brunâtre, à ne pas confondre avec une infestation parasitaire d'acariens. Le museau, à l'extrémité de couleur rose à noire,

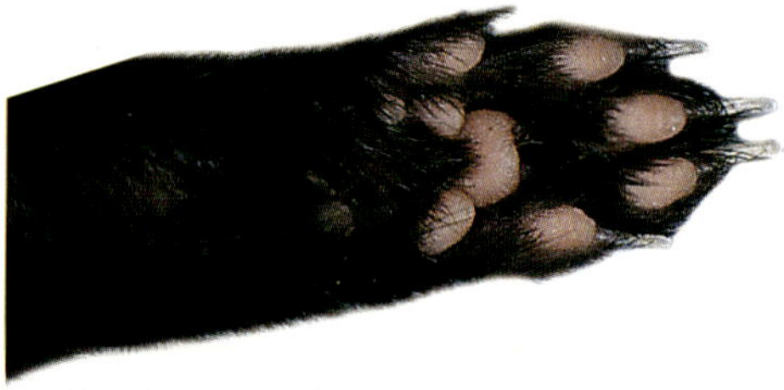

Extrémité du membre antérieur...

...et du membre postérieur

Comme beaucoup de Mustélidés, le furet possède un corps allongé et des membres courts

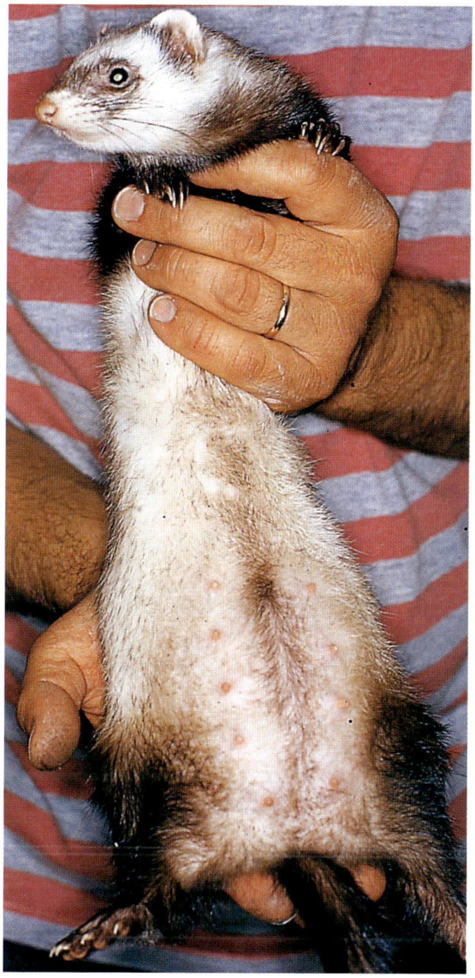

Le nombre des mamelles varie, même si l'on en compte généralement 8

Gros plan de la tête. On note les longues moustaches

porte de chaque côté de grandes moustaches. Le long cou revêt presque le même diamètre que la tête.
Les pattes avant et arrière se terminent par cinq doigts dotés de griffes non rétractiles (à la différence des chats), dont la croissance continuelle nécessite de procéder régulièrement à une coupe dans la mesure où la vie en appartement ne garantit pas une usure naturelle. Sous les pattes, on distingue

Les furets ont un corps extrêmement souple

Les doigts des furets se terminent par des griffes

des coussinets dépourvus de poil, sur lesquels repose le corps du furet.
La queue est assez longue ; quand le furet se trouve dans un environnement nouveau ou bien voit quelque chose d'insolite, il hérisse les poils de sa queue. Cette dernière reprend son aspect normal dès que l'animal se détend.
Jouissant d'une faible acuité visuelle, le furet se sert essentiellement de son odorat pour chasser. Les 30 dents de lait commencent à pousser vers le 20e ou 28e jour de vie, et les dents permanentes (34) font éruption quand l'animal a entre 50 et 74 jours. Les furets sont des prédateurs, et leur denture adulte est celle, typique, des carnivores : 12 petites incisives, 4 canines bien développées, 12 prémolaires et 6 molaires.

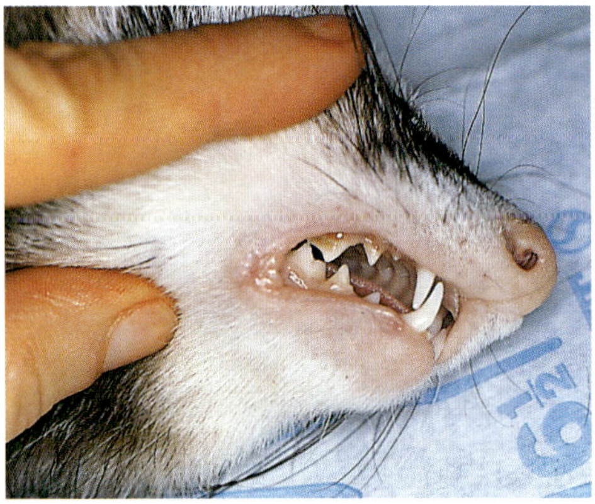

La denture du furet est celle typique des carnivores : les canines sont pointues, et les molaires acérées

Dans un milieu étranger ou bien face à quelque chose d'inconnu, le furet hérisse souvent les poils de sa queue

Le pelage

La fourrure du furet se compose de deux sortes de poil. L'un, le poil de garde, long et dur, s'avère généralement d'une couleur plus foncée que l'autre, le sous-poil, fin, soyeux et court. Dépourvues de sous-poil, la tête, la queue et l'extrémité des pattes ont un poil de garde plus court que sur le reste du corps.
Le putois européen, dont le furet descend, possède un poil de garde noir et un sous-poil crème, avec les pieds et la queue noirs, la face et les oreilles de teinte claire, et un masque noir autour des yeux. Cette description correspond, chez le furet, au pelage zibeline qui constitue la coloration « sauvage ». Il existe seulement deux autres types de fourrures « naturelles ». La variété albinos, qui se caractérise par une absence complète de pigmentation de la peau, des yeux et des poils, si bien que le poil de garde et le sous-poil sont blancs ou crème et les yeux rouges. Et la variété cannelle, qui se distingue par un poil de garde brun roux et un sous-poil crème, exactement comme chez le putois des steppes (*Mustela eversmanni*) (pour de plus amples informations sur la couleur du pelage, se reporter aux pages 18 et suivantes).

On distingue deux types de poil : le poil de garde, plus long et épais, et le sous-poil, fin et court

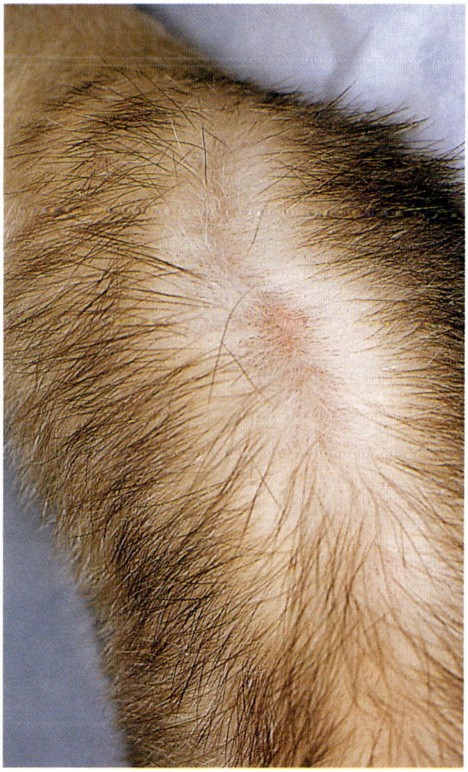

La mue

Les furets muent au printemps et à l'automne. Ce phénomène entraîne de profondes modifications dans les caractéristiques de la fourrure : le poil, long et fourni l'hiver, devient moins dense et même plus court à la belle saison. La couleur change elle aussi : elle est plus claire l'hiver, et plus foncée l'été. Le pelage a par ailleurs souvent tendance à s'éclaircir avec l'âge. La grandeur du masque peut varier avec les saisons, de sorte que le furet ne revêt jamais la même apparence. Chez les sujets stérilisés, ces changements s'avèrent beaucoup moins évidents, même s'il arrive qu'une mue survenant juste après la stérilisation altère la qualité du poil, et en particulier celui du masque.
La mue se manifeste soit de façon progressive, soit de manière assez brusque, en laissant l'animal avec des portions de peau dénudée et son propriétaire plutôt perplexe, jusqu'à ce que le poil recommence à pousser.

La peau

Les furets ont une peau particulièrement épaisse, surtout sur le dos ; cela permet aux petits de se mordre pour jouer sans se faire mal, alors que nos doigts ne sortiront pas indemnes de la pression exercée par leurs dents ! La peau des furets présente deux caractéristiques spécifiques :

1. Elle s'avère dépourvue de glandes sudoripares, ce qui empêche ces animaux de réguler leur température corporelle en transpirant et leur rend la chaleur difficile à supporter ; quand ils se trouvent dans un milieu particulièrement chaud, ils peuvent même être victimes d'un coup de chaleur, parfois fatal.

2. Elle possède en revanche de nombreuses glandes sébacées produisant une substance huileuse qui rend la peau grasse et le poil jaunâtre. Les glandes sébacées sont responsables de la forte odeur que les sujets non stérilisés dégagent, surtout durant la période de reproduction. Leur fonctionnement, activé par les hormones sexuelles, se réduit nettement grâce à la stérilisation.

Le dimorphisme sexuel

La détermination du sexe s'effectue très facilement, même dans le cas d'un sujet jeune ou stérilisé. Le mâle a en effet un prépuce situé juste en dessous de l'ombilic ; le pénis est peu visible, mais présente sur presque toute sa longueur un os, appelé os pénien, aisément palpable le long de l'abdomen. Cet os possède une étrange particularité, qui apparaît à la radiographie : il revêt une forme en « J ». Chez les mâles matures non castrés, on distingue par ailleurs nettement les testicules.
Une femelle se reconnaît à sa vulve, la petite fente qui se trouve à proximité de l'anus.

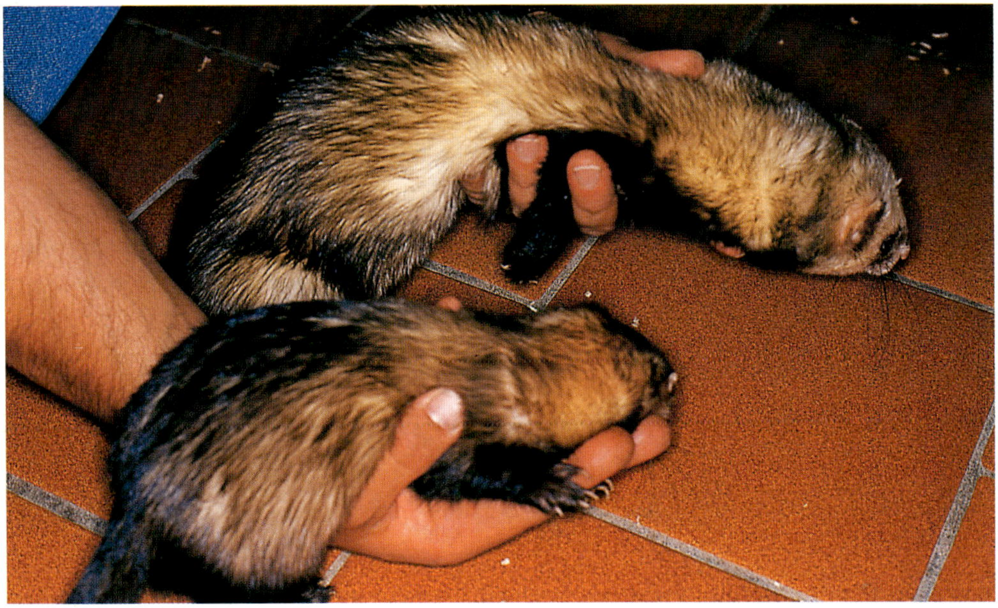

Le mâle (au second plan) est plus gros que la femelle, et peut peser plus du double

Le mâle (à droite) offre une tête plus grosse et plus large que celle de la femelle

Le mâle s'avère beaucoup plus gros que sa congénère et peut atteindre 2 kg, alors que la femelle pèse entre 0,4 et 1 kg. Le furet acquiert son poids d'adulte à l'âge d'environ 6 mois, mais ce dernier varie parfois sensiblement en fonction de la saison pour augmenter l'hiver jusqu'à 40 % ! Ces fluctuations s'avèrent cependant moins évidentes chez les sujets stérilisés, qui ont tendance à conserver leur poids d'été à la saison froide.
La longueur, queue comprise, oscille entre 40 et 60 cm.

L'anatomie

Les organes internes du furet ne diffèrent pas beaucoup de ceux du chien ou du chat, hormis le fait que la structure très allongée de cet animal se reflète également dans sa conformation interne. On compte 14 à 15 paires de côtes, les 10 premières rattachées au sternum, et les 4 ou 5 dernières flottantes. Séparé de la cavité abdominale par le diaphragme, le thorax renferme les poumons et le cœur. Le poumon gauche se compose de 2 lobes, et celui de droite, de 4. Le cœur se situe au centre du thorax.

Sur l'abdomen d'un mâle, le pénis s'avère très peu visible, mais on distingue la fente du prépuce sous l'ombilic

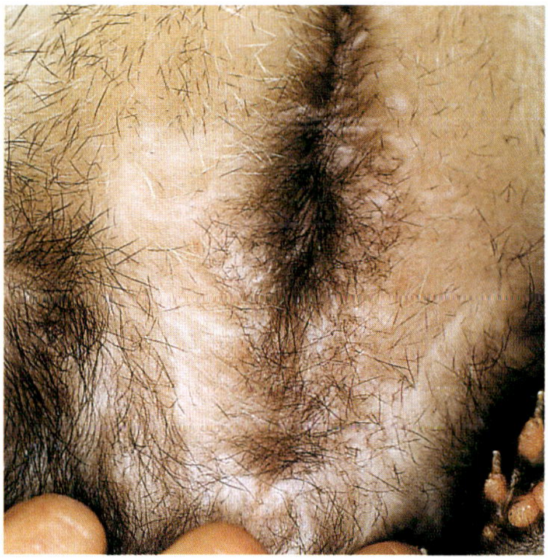

Les organes génitaux d'une femelle : la vulve, au-dessus de l'anus

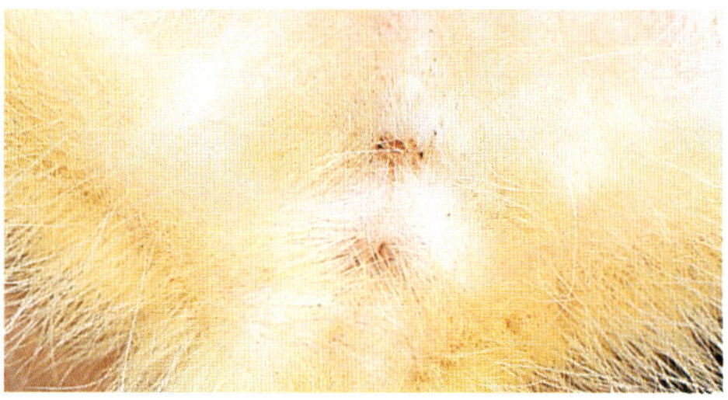

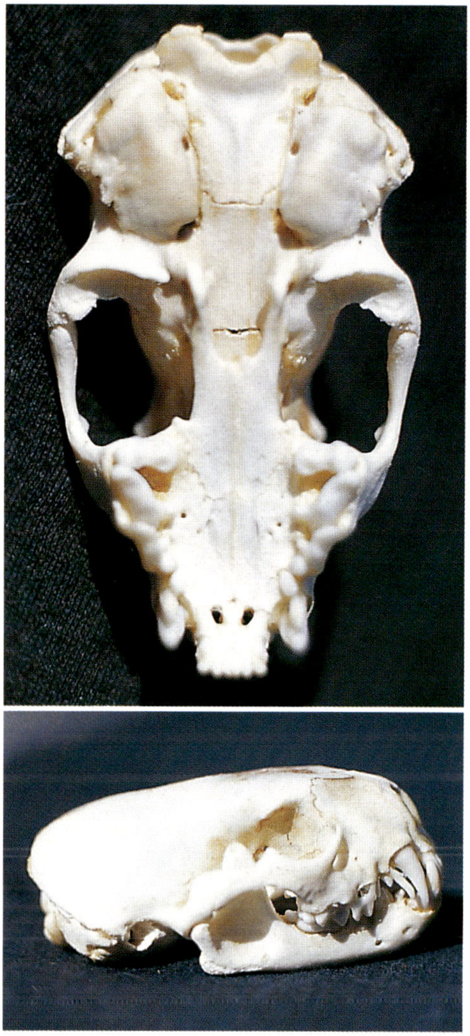

Le crâne du furet

Le foie se trouve dans l'abdomen, derrière le diaphragme et devant l'estomac. Ce dernier est capable de se dilater pour recevoir de grandes quantités de nourriture. Le furet possède un intestin de carnivore typique, à savoir relativement court pour sa taille : environ 2 m. Une alimentation à base de viande, une denrée très nourrissante et facile à assimiler, requiert en effet un processus digestif plutôt simple et rapide comparé à un

régime végétarien, à la digestion plus lente et complexe. L'aliment consommé par le furet met à peine 3 ou 4 heures pour parcourir tout l'appareil digestif.
Annexé au tube digestif, le pancréas est une glande qui produit à la fois les enzymes digestifs et l'insuline. Près de l'estomac se trouve la rate, de dimension très variable chez le furet.
La cavité abdominale contient par ailleurs les reins (celui de gauche placé en léger retrait de celui de droite) et la vessie, de taille assez réduite. Le mâle possède, à la base de la vessie, une minuscule prostate. Devant chacun des reins, on relève la présence de la glande surrénale.
L'utérus comprend deux parties, appelées trompes utérines, très allongées et reliées aux ovaires situés derrière les reins.
À l'arrière, les trompes s'unissent pour former le bref corps de l'utérus qui se poursuit dans le vagin.

Sacs anaux

Les furets, tant mâles que femelles, possèdent deux glandes bien développées situées de part et d'autre de l'anus et sécrétant un liquide à l'odeur particulièrement puissante : les sacs anaux. Lorsqu'ils ont peur ou qu'ils se sentent menacés, ils vident le contenu de ces poches afin de désorienter leur agresseur par ce « parfum » âcre et désagréable. Les furets ne compriment généralement par leurs sacs anaux sans raison, et l'on juge aujourd'hui inutile de procéder à leur ablation chez les sujets domestiques, dans la mesure où l'opération ne modifie pas vraiment l'odeur exhalée par l'animal, la stérilisation chirurgicale constituant le seul moyen de l'enrayer.
L'ablation chirurgicale peut néanmoins devenir nécessaire si les sacs anaux s'avèrent victimes d'une pathologie quelconque ou si le furet les vide trop fréquemment. Certains sujets vendus dans le commerce, en particu-

Bien soigné, un furet vous tiendra compagnie de nombreuses années

lier ceux importés de l'étranger, ont déjà subi cette intervention. Un bon vétérinaire constatera sans la moindre difficulté la présence ou bien l'absence des sacs anaux en palpant la région située de chaque côté de l'anus.

Longévité

Les furets vivent pour la plupart entre 8 et 10 ans, certains individus atteignant parfois l'âge de 12 ans. Les furets américains ont une durée de vie inférieure (5 à 8 ans en moyenne), vraisemblablement due à la forte consanguinité qui favorise l'apparition de diverses maladies, notamment tumorales, beaucoup plus rares chez les furets européens.

Caractère et comportement

Les furets sont des animaux très gracieux et faciles à élever, mais leur succès en tant qu'animaux de compagnie vient avant tout de leur caractère. Ils sont intelligents, vifs, joueurs, sociables, propres et silencieux. La curiosité constitue sans doute leur principal trait de caractère : ils adorent explorer sans cesse la moindre anfractuosité et le moindre objet du milieu qui les entoure. Quand ils se trouvent dans un environnement inconnu, il s'avère quasiment impossible de retenir leur attention tant qu'ils n'ont pas fouiné partout.
Les furets dorment beaucoup, parfois les trois quarts de la journée, en alternant deux ou trois heures d'activité intense avec des périodes de sommeil profond. Un sujet endormi peut être très difficile à réveiller, même en le soulevant, mais pas de panique : il s'agit d'un comportement absolument normal.
Chaque furet a sa propre personnalité : certains sont plus affectueux et expansifs que d'autres, plus réservés et indépendants. Ils créent généralement des liens très solides avec les personnes qui prennent soin d'eux, aiment se faire cajoler et répondent généreusement à l'affection qu'ils reçoivent, en exprimant souvent leur attachement à leur maître par de tendres petits coups de langue. Capables de s'attacher à tous les membres de la famille, ils manifestent quelquefois leur préférence pour une personne en particulier. Comme pour les chiens, il s'agit en principe de celle qui les soigne et qui les nourrit. Bon nombre de furets se montrent cordiaux et expansifs y compris à l'égard d'un parfait étranger, en acceptant sans méfiance ses caresses. Un furet ayant déjà eu un propriétaire se liera très vite et sans la moindre difficulté avec sa nouvelle famille d'adoption. Rappelez-vous cependant qu'un sujet négligé ou délaissé souffrira énormément, au même titre qu'un chien.
Les furets sont en général complètement silencieux et se contentent d'émettre de légers cris lorsqu'ils sont très excités ou qu'ils jouent. Ils sifflent parfois, quand ils font semblant de lutter entre eux ou bien contre leur maître. Si vous les entendez crier fort, cela signifie qu'ils se sont fait mal : il faut alors vérifier immédiatement ce qui s'est passé.

Le furet s'attache à son maître comme le ferait un chat

Les couleurs du furet

On a sélectionné une vaste gamme de colorations chez les furets. Aux États-Unis, il existe plus de 30 variétés de pelage officiellement reconnues. Pour les décrire, on utilise deux termes : couleur et modèle, dont la combinaison donne le coloris de la fourrure :
– le premier se réfère à la couleur du poil de garde, du sous-poil, des yeux et du museau ;
– le second indique la distribution de la couleur sur le pelage.

À moins d'avoir une profonde expérience, il est difficile de déterminer à quelle catégorie le furet appartient. Très peu nombreuses, les couleurs de base se résument à des nuances de blanc, de gris, de noir, de jaune et de brun que l'on a parfois du mal à identifier. La classification des pelages est assez compliquée. Vous trouverez ci-dessous la description des différents types de couleur et de modèle des variétés admises par l'American Ferret Association.

Jeune furet doté d'un masque plein : une bande sombre en travers des yeux

Ce furet possède un masque en « V »

Couleur

Pour savoir dans quelle catégorie ranger le pelage, il convient d'observer :
– la couleur des poils de garde (les longs poils du corps et ceux qui recouvrent les extrémités) ;
– la couleur du sous-poil (les poils courts situés sous le poil de garde et ceux recouvrant l'abdomen) ;
– la couleur des yeux ;
– la couleur du museau.

En fonction de ces quatre éléments, on distingue les couleurs suivantes.

Albinos
Le véritable albinos se caractérise par une absence complète de pigments au niveau aussi bien des poils que de la peau et des yeux. Il offre donc un poil de garde et un sous-poil de couleur blanche ou crème, un museau rose et des yeux rouge rubis. Les teintes jaunâtres ne sont pas très appréciées.

Furet albinos aux yeux rouges

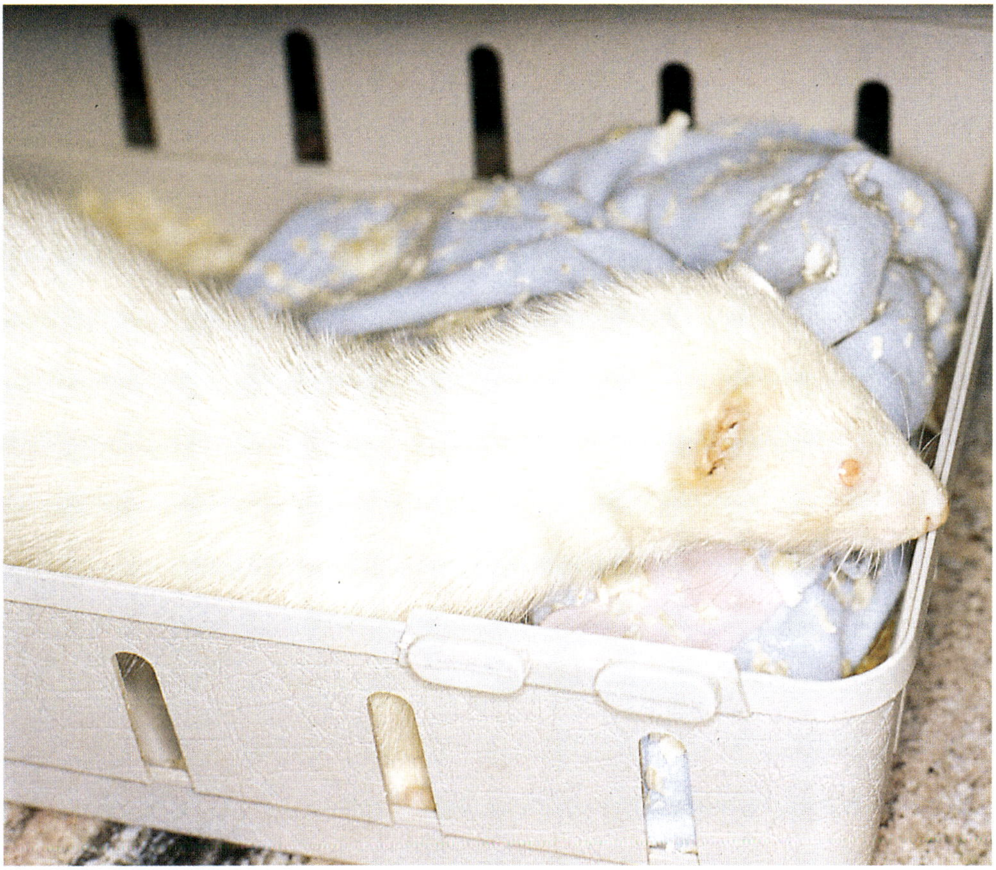

Noir
Le poil de garde est noir et le sous-poil blanc, avec parfois une légère teinte dorée. Les yeux et le museau doivent être noirs ou presque ; le museau tacheté de noir est considéré comme acceptable.

Zibeline noire
Le poil de garde est de couleur cendre foncée ou brun-noir et le sous-poil blanc à crème, à l'exclusion du jaune. Les yeux doivent être marron foncé ou presque noirs, et le museau de préférence cendré, brun-noir ou très tacheté, mais la teinte brun-noir est acceptée.

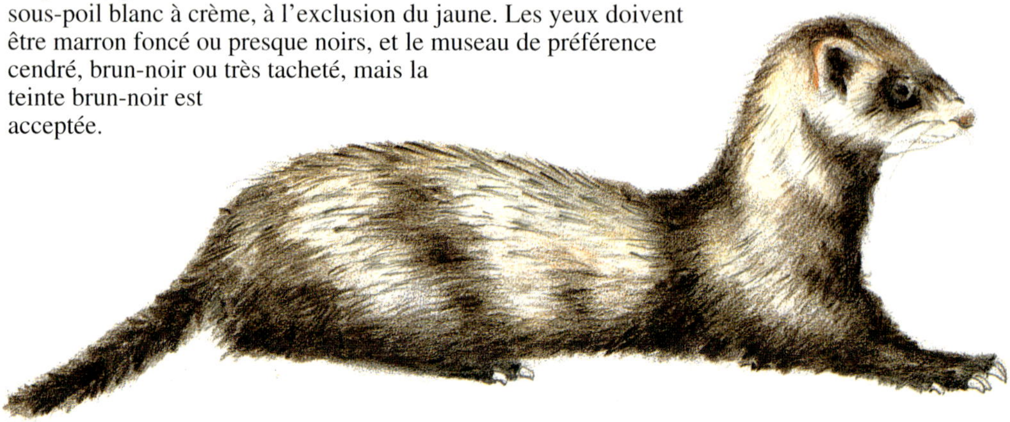

Champagne
Le poil de garde est marron clair ou d'une teinte plus pâle que la couleur chocolat, et le sous-poil blanc ou crème, à l'exclusion du jaune. Les yeux sont bourgogne (clair à foncé) et le museau idéalement beige ou rose, ou bien rose bordé de beige ou de marron clair.

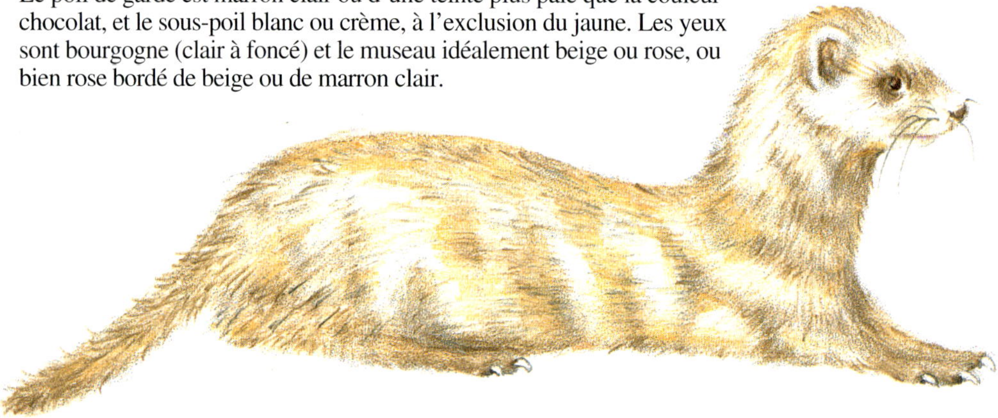

Chocolat
Le poil de garde est marron chocolat clair (comme le chocolat au lait) et le sous-poil blanc (une légère teinte dorée est cependant admise). Les yeux sont bourgogne (clair ou foncé). Le museau revêtira de préférence une couleur brique ou bien beige rosé, avec le contour marron clair ou brique ; le rose est simplement toléré.

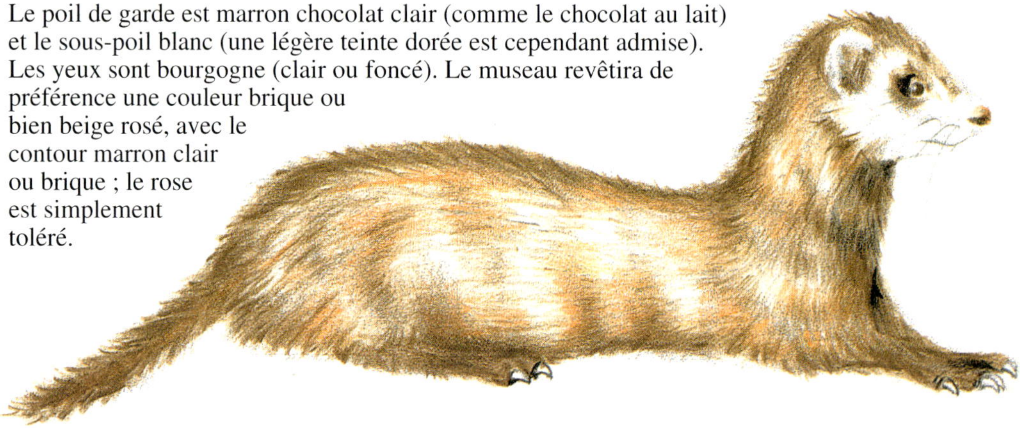

Cannelle
Le poil de garde est brun-roux et le sous-poil préférablement d'un blond doré, mais le blanc est aussi accepté. Les yeux sont bourgogne (clair à foncé) et le museau idéalement de couleur brique ou beige rosé, avec le contour marron clair ou brique ;
le rose est simplement toléré.

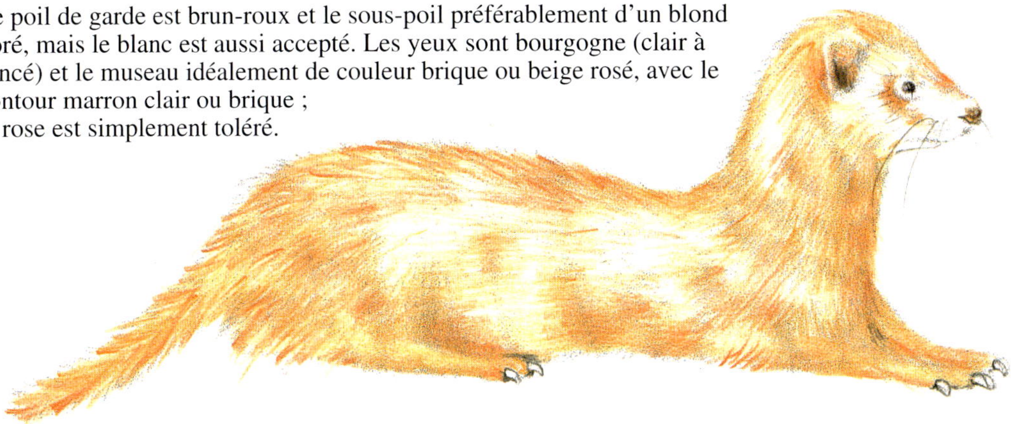

Blanc aux yeux foncés
La fourrure (poil de garde et sous-poil) est blanche à crème (de préférence blanche). Il peut y avoir quelques poils de garde colorés (peu importe la teinte) dans un ensemble blanc à 90 % : soit les poils colorés se dispersent dans la fourrure blanche, soit ils forment une bande centrale ou de petites taches. Les yeux sont bourgogne et le museau rose (à l'exclusion de toute autre couleur).

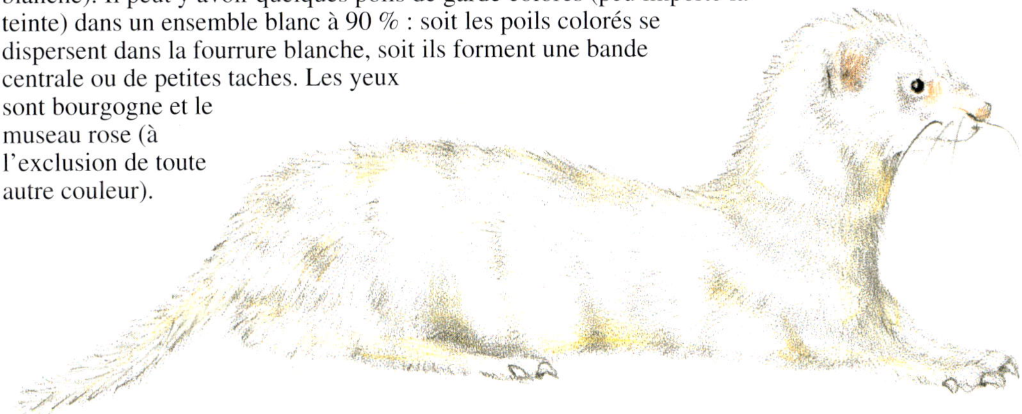

Zibeline
Le poil de garde est brun foncé et le sous-poil préférablement blanc à crème, voire doré clair, mais pas jaune. Les yeux sont bruns ou presque noirs et le museau idéalement marron clair, tacheté brun ou à contour marron.

Modèle

Une fois que l'on a déterminé la couleur, il faut définir le modèle, à savoir la distribution des couleurs et leur intensité, pour identifier la variété de pelage.
Le modèle repose sur les caractéristiques suivantes.

Concentration de la couleur : ce facteur correspond au pourcentage de poils de garde colorés par rapport aux poils de garde blancs, ainsi qu'à la différence de couleur entre les extrémités (pattes et queue) et le corps. On parlera par exemple de modèle plein si tous les poils de garde sont colorés (le furet revêt une teinte uniforme) ; et de modèle classique si la fourrure comporte un faible pourcentage de poils de garde blancs (les extrémités sont plus foncées que le corps).

Exemple de masque complet, en « T » renversé

Type de masque : on distingue quatre sortes de masque (coloration de la face) :
– en forme de « T » renversé ;
– en forme de « V » ;
– tacheté (composé d'une multitude de petites taches colorées sur fond blanc) ;
– plein (bande horizontale incluant les yeux, « de bandit »).

Il existe également des pelages sans masque, comme l'albinos et le panda (la tête s'avère entièrement blanche).

Présence de marques blanches : le modèle « panda » se distingue par une tête, un cou et une gorge blancs. Le modèle « blaze » offre une bande blanche sur le front. Quand les quatre membres possèdent des extrémités blanches, le furet est qualifié de « mitts » (terme signifiant « gants ») ; pour être conforme au standard, chacun des pieds doit être blanc, depuis le bout des orteils.

Siamois (à pointes colorées)
Il y a un net contraste entre la couleur du corps et celle des extrémités (pattes et queue). Une ligne très foncée s'étire en outre tout le long de l'abdomen. Un masque en « V » léger orne la face du furet noir, zibeline noire, zibeline, cannelle et chocolat ; le masque en « T » complet est exclu. Les sujets champagne ont soit un masque en « V », soit pas de masque du tout. Le museau est rose ou beige.

Rouan
Le modèle rouan consiste en un mélange de poils de différente couleur. Les poils de garde sont à 50-60 % colorés (peu importe la couleur), et à 40-50 % blancs. Chez le rouan noir, par exemple, le mélange de poils de garde noirs et blancs crée un aspect gris qualifié alors de « silver » (argenté).

Plein
Les poils de garde sont à 100 % colorés, et il ne doit pas y avoir le moindre poil de garde blanc sur le corps et les extrémités. Le furet revêt donc une teinte uniforme (pleine) sur l'ensemble de son corps. Le masque est soit plein, soit en « T ».

Classique
90 à 100 % des poils de garde sont colorés, et les autres, blancs, mais la couleur ne s'avère pas aussi concentrée que chez le modèle plein. Le corps paraît plus clair et les pointes (queues et pattes) se démarquent en étant légèrement plus foncées. Le masque est plein ou en « T ».

Standards des pelages à marques blanches

Mitts (pieds blancs) : l'extrémité des membres antérieurs et postérieurs est entièrement blanche, du bout des orteils jusqu'en haut du pied. Il ne s'agit pas d'un modèle en soi, mais d'une caractéristique supplémentaire : un classique zibeline avec le bout des pattes blanc sera par exemple qualifié de « classique zibeline mitts ». Le furet panda ayant en revanche toujours les pieds blancs, le terme mitts ne figure pas dans sa description.
Le masque et autres marques doivent être conformes au standard de la couleur (à l'exception du panda, qui ne possède pas de masque). On peut ainsi relever la présence de taches blanches sous la gorge, aux genoux et sur le bout de la queue. Les yeux revêtent en général toutes les nuances du bourgogne.

Blaze (flamme)

Une longue bande blanche prend naissance dans la région du front, passe entre les deux oreilles et se termine au bas du cou, de préférence entre les deux épaules. Le masque dépend de la variété de fourrure. De petits anneaux colorés autour des yeux et de petits masques sont acceptables, mais pas les masques pleins. Il peut y avoir des taches blanches sur les genoux et au bout de la queue, de même que sous la gorge. On admet également un ventre blanc ou tacheté, ainsi que le modèle rouan. Les yeux revêtent diverses nuances, du rubis au brun. Le museau est rose. Les membres antérieurs et postérieurs ont les doigts blancs.

Panda

La tête est presque entièrement blanche (cou et gorge compris). Des poils de garde formant des anneaux autour des yeux sont acceptés. On admet aussi d'éventuelles marques blanches aux genoux et sur le bout de la queue. Les yeux revêtent toutes les nuances du bourgogne et le museau est rose. Les quatre pieds sont obligatoirement blancs (« mitts »).

COMBINAISON DE COULEUR ET DE MODÈLE

Une fois établis, la couleur et le modèle du furet se combinent pour définir la variété de pelage.
L'albinos et le blanc aux yeux foncés n'ont pas de modèle, et « mitts » est un terme qui s'ajoute au type de fourrure. Compte tenu de toutes les combinaisons possibles, on comprend pourquoi les variétés sont si nombreuses.

MODÈLE \ COULEUR	Albinos	Noir	Zibeline noire	Champagne	Chocolat	Cannelle	Blanc aux yeux foncés et modèle blanc aux yeux foncés	Zibeline
Blaze		Blaze noir	Blaze zibeline noire	Blaze champagne	Blaze chocolat	Blaze cannelle		Blaze zibeline
Panda		Panda noir	Panda zibeline noire	Panda champagne	Panda chocolat	Panda cannelle		Panda zibeline
Siamois (à pointes colorées)		Siamois noir		Siamois champagne	Siamois chocolat	Siamois cannelle		Siamois zibeline
Rouan		Rouan noir (medium silver)	Rouan zibeline noire	Rouan champagne	Rouan chocolat	Rouan cannelle		Rouan zibeline
Plein		Plein noir (plus mitts, ou mitts noir)	Plein zibeline noire	Plein champagne	Plein chocolat	Plein cannelle		Plein zibeline
Classique		Classique noir (plus mitts, ou mitts noir)	Classique zibeline noire	Classique champagne	Classique chocolat	Classique cannelle		Classique zibeline

Ne vous inquiétez pas si votre furet ne réunit pas les conditions requises pour rentrer dans les standards de race ! Les furets commercialisés en France sont généralement du type zibeline ou albinos, et les sujets sélectionnés spécialement pour satisfaire aux impératifs des standards demeurent rares. Le poil de garde met un certain temps à revêtir sa couleur définitive, de sorte qu'il s'avère impossible de prédire sans se tromper quelle sera la future coloration d'un jeune individu. On a également du mal à déterminer la couleur exacte du furet pendant la mue, car l'animal perd alors une bonne partie de son poil de garde.

La teinte jaunâtre de ce sujet albinos est peu appréciée des standards de race

L'achat du furet

Réflexions précédant l'achat

Comme n'importe quel animal, un furet ne doit jamais être acheté sous le coup de l'impulsion ou pour avoir quelque chose d'original à montrer à ses amis, mais seulement après mûre réflexion. Il ne s'agit pas d'un petit animal en peluche que vous pouvez mettre de côté quand vous en avez assez, mais d'une créature vivante et sensible qui a un besoin quotidien d'attention et d'affection.
La règle veut que l'on sorte chaque jour le furet de sa cage pour lui offrir quelques heures de liberté : il faut alors le surveiller de près pour l'empêcher de se jeter dans une situation périlleuse. Les furets (comme tous les animaux) ne conviennent pas aux très jeunes enfants, avec lesquels ils ne devront de toute façon jamais se retrouver sans la présence d'un adulte. Sachez par ailleurs que les furets requièrent une nourriture industrielle de très haute qualité, des examens et des vaccinations annuelles, ainsi qu'une stérilisation pour les sujets non destinés à la reproduction. Sans oublier les visites chez le vétérinaire et les soins à prodiguer en cas de maladies.
Un furet peut vivre 8 à 10 ans, voire plus. Vous sentez-vous prêt à vous en occuper convenablement durant tout ce temps ?

Le furet a besoin de beaucoup de compagnie : un facteur à apprécier soigneusement avant de se décider à l'acheter

Comment le choisir ?

Les principaux critères de choix sont non seulement l'aspect, la couleur, le sexe et l'âge, mais aussi le caractère et la condition physique.

Un furet doit être docile, accepter de se laisser manipuler et s'abstenir de mordre quand on l'approche. Rappelons néanmoins que les jeunes sujets ont l'habitude de jouer entre eux de façon assez vive, et que les morsures font partie du jeu. Leur peau épaisse n'a rien à crain-

LE DÉCALOGUE DU BON MAÎTRE

Si vous voulez un furet, vous devez vous engager à :
- lui fournir une nourriture d'excellente qualité ;
- mettre à sa disposition une cage spacieuse et des jouets sans danger ;
- lui consacrer chaque jour un peu de temps pour jouer et le cajoler ;
- le vacciner régulièrement, appliquer le traitement préventif contre la dirofilariose et lui faire passer des visites de contrôle périodiques ;
- le faire stériliser ;
- l'emmener chez le vétérinaire chaque fois qu'il se sent mal ;
- le lâcher en liberté uniquement dans un lieu sûr ;
- ne pas le laisser seul en présence de chiens, de chats ou de très jeunes enfants ;
- en dehors de la maison, prendre toutes les précautions nécessaires pour l'empêcher de s'échapper ;
- toujours l'aimer, même quand il devient vieux ou malade, et ne jamais l'abandonner.

Prenez dans vos mains le furet que vous envisagez d'acheter et observez-le de près. Vous pourrez ainsi relever la présence d'éventuels problèmes et vérifier qu'il est bien docile

La couleur n'exerce aucune influence sur le caractère du furet, mais les sujets au pelage rare peuvent valoir plus cher

Un furet en bonne santé est curieux et attentif, et il s'approche pour observer chaque fois que quelqu'un arrive près de sa cage

dre, à l'inverse de la nôtre. Prenant nos mains pour un camarade de jeu, ils leur réservent le même sort et il ne faut pas considérer cette attitude comme un signe d'agressivité. Avec le temps, le petit furet apprendra à jouer avec vous sans vous infliger la moindre douleur, exactement comme dans le cas d'un chiot ou d'un chaton.

Voyons à présent les éléments à prendre en compte afin d'acquérir un sujet en bonne santé.

Observez tout d'abord son comportement : le furet doit être vif, curieux et manifester de l'intérêt pour ce qui se passe autour de lui. À peine sorti de sa cage, il se met à flairer et à explorer les environs.

Examinez ensuite attentivement son corps. Le pelage doit être brillant, la peau exempte de croûtes ou de zones dégarnies de poil, les yeux limpides et éveillés. Vérifiez l'absence de croûtes ou de sécrétions autour des yeux et du nez. La présence de cérumen noir dans les oreilles peut être normale, mais si l'animal se les gratte souvent et secoue sa tête, des problèmes de parasites sont à envisager. Regardez l'intérieur de la bouche : les dents doivent être blanches et régulières, ni de travers, cassées ou tachées, et les gencives roses.

Faites glisser vos mains sur son corps : il ne faut détecter aucun nodule ou tuméfaction. La région anale doit être parfaitement propre. N'oubliez pas de jeter un coup d'œil à la cage

Un poil brillant est un signe de bonne santé

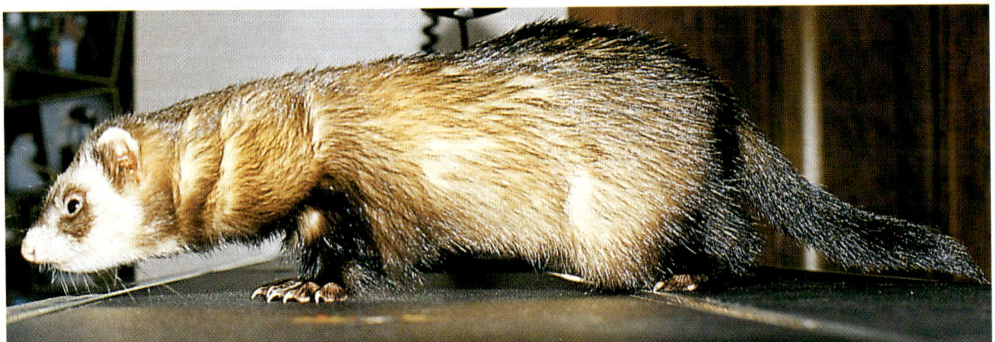

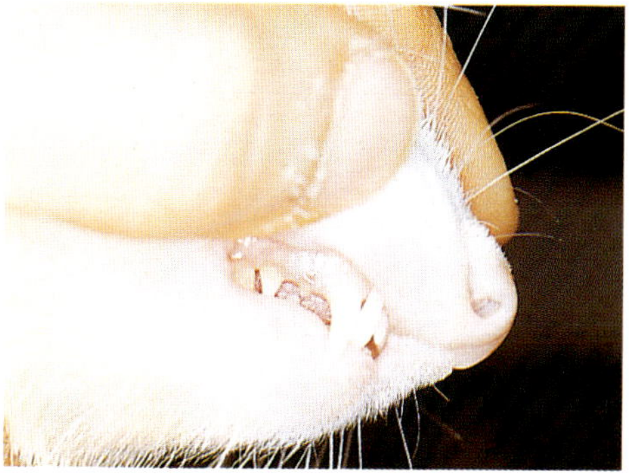

L'examen des dents et des gencives doit faire partie de l'appréciation initiale, mais attention à ne pas vous faire mordre par un furet qui ne vous connaît pas et qui risque d'être effrayé

du furet : notez le niveau d'hygiène et le type de nourriture distribuée. Examinez également les déjections : plus molles que celles d'un chien ou d'un chat, les selles du furet doivent néanmoins être bien moulées, sans trace de sang ou de mucus. Au cas où vous relèveriez la présence d'excréments diarrhéiques dans une cage abritant plusieurs individus, peu importe de savoir de qui ils proviennent : évitez tout le groupe.
Au cas où l'on vous offrirait un furet que son précédent propriétaire ne peut plus garder pour quelque raison que ce soit, essayez de recueillir le maximum d'informations à son propos :
– âge exact ;
– vaccinations antérieures (avec la date des rappels) ;
– éventuelles maladies actuelles ou passées, ainsi que les traitements en cours ;
– habitudes alimentaires ;
– éventuels troubles du comportement ;
– s'il s'agit d'une femelle : a-t-elle été stérilisée ou bien a-t-elle déjà mis bas.

Demandez les documents sanitaires correspondants.

Où l'acheter

Pour acheter un furet, vous pouvez vous adresser soit à une animalerie, soit à un particulier. Il n'existe pas de grandes différences entre ces deux options. Les magasins eux-mêmes se fournissent parfois chez des particuliers, ou bien importent de l'étranger des animaux provenant de gros élevages de type intensif.
Il arrive que ces sujets soient déjà stérilisés, auquel cas leur prix s'avère plus élevé mais permet, ensuite, d'économiser le coût de l'intervention chirurgicale.

Un mâle ou une femelle ?

Si vous achetez des furets déjà stérilisés, ou si vous avez l'intention de les faire stériliser par la suite, le sexe n'influe pas beaucoup sur le choix : il n'y a en effet pas de grosses différences entre un mâle et une femelle stérilisés, hormis la taille (un mâle peut peser le double d'une femelle) et la forme du museau (plus large chez le mâle, et plus pointu chez la femelle).
De dimensions réduites, une femelle offre un avantage pratique pour ceux qui envisagent de l'emmener presque partout avec eux, cependant qu'un mâle, plus gros, causera moins de problèmes une fois lâché en liberté dans la maison (il n'y aura pas grand risque de le perdre !).
Si vous envisagez d'acquérir un animal pas encore stérilisé, sachez que l'opération d'une femelle coûte davantage que celle d'un mâle.
Soyez par ailleurs bien conscient du fait que la stérilisation, tant des mâles que des femelles, constitue une intervention indispensable (même quand on possède un seul individu), sauf à projeter d'élever activement des furets.

LE TATOUAGE

On voit parfois dans les magasins des furets avec deux petits points noirs tatoués sur l'oreille droite. Il s'agit d'un système que la firme Marshall Farm, la principale entreprise américaine spécialisée dans l'élevage et la reproduction des furets, utilise pour marquer ses animaux quand ils sont opérés. Un point correspond à l'ablation des sacs anaux, et l'autre, à la stérilisation.
D'autres élevages ont recours à des symboles différents. Un éleveur canadien tatoue par exemple les mâles d'un Y, et les femelles, d'un X, tous deux de couleur rouge.

Les jeunes furets revêtent une taille extrêmement réduite et doivent être étroitement surveillés quand on les laisse en liberté, pour éviter de les perdre

De quel âge ?

Chaque âge a ses avantages et ses inconvénients, mais ce facteur ne doit pas en réalité jouer un rôle déterminant dans le choix d'un animal. Si les jeunes furets ont tendance à s'attacher plus vite, ils doivent en contrepartie être éduqués entièrement. Un furet adulte mettra peut-être un peu plus de temps, mais il suffira de lui prodiguer moult attentions et il finira pas nouer avec vous une amitié aussi solide qu'un petit. Au moment de l'achat, il s'avère en outre plus facile de déterminer le caractère d'un furet déjà grand. Un animal âgé (plus de 5 ou 6 ans) a bien entendu une espérance de vie relativement brève, tend à dormir davantage et peut avoir de plus gros problèmes de santé. Il sera en revanche plus calme et plus enclin à se laisser cajoler.

Un seul ou plusieurs furets ?

Un furet n'a nul besoin de la compagnie de ses semblables si vous lui consacrez suffisamment de temps pour jouer et le dorloter. Dans le cas contraire, prenez deux sujets afin qu'ils jouent ensemble et se tiennent compagnie.
Deux furets cohabitant depuis leur plus jeune âge se lieront sans difficulté, mais il s'avère également possible, moyennant quelques précautions d'usage, d'offrir un compagnon à un individu adulte. Rappelez-vous que plus un furet aura vécu isolé de ses congénères, plus il aura du mal à accepter un étranger.
S'agissant, de préférence, d'animaux stérilisés ou qui le seront bientôt, le sexe du nouveau venu n'a aucune importance. Ceux qui n'ont jamais possédé de furets auront tout intérêt à n'en prendre tout d'abord qu'un seul, pour avoir le temps de s'exercer et limiter les problèmes de dressage, puis à en adopter éventuellement un autre au bout de 6 mois.

Le transport jusqu'à la maison

Pour ramener chez vous le furet que vous venez d'acheter, munissez-vous d'une cage de voyage pour chat en plastique ou en métal. Au début, le furet (surtout s'il est jeune) se montrera plutôt désorienté : attendez un moment avant de lui permettre de circuler en toute liberté dans la maison et placez-le immédiatement dans sa cage. Laissez-lui un peu de temps pour s'acclimater, en le prenant souvent dans vos mains pour jouer et le cajoler, et lâchez-le uniquement dans un espace extrêmement limité.
Une fois qu'il se sera habitué à vous, accordez-lui d'explorer son nouvel environnement (que vous aurez pris soin de rendre « à l'épreuve des furets »).

Pour soulever un furet, entourez sa poitrine d'une main et soutenez ses pattes arrière de l'autre

L'habitat du furet

Avant d'acheter un furet, vous devez avoir déjà préparé sa **cage**, un accessoire indispensable à moins que nous n'ayez prévu de mettre une pièce entière à sa disposition exclusive. Car bien que le furet ait besoin de passer quelques heures de liberté en votre compagnie, mieux vaut pour sa sécurité le maintenir enfermé lorsqu'il dort ou que vous ne pouvez pas le surveiller.

La cage à barreaux métalliques constitue la meilleure solution : robuste et facile à nettoyer, elle garantit en outre une bonne ventilation. Certains modèles se composent de deux ou plusieurs étages reliés par des rampes ou des tubes, qui augmentent l'espace offert au furet et lui permettent, surtout, de beaucoup s'amuser à monter et descendre d'un niveau à l'autre. Les barreaux devront être suffisamment rapprochés pour empêcher l'animal de s'échapper, et il conviendra de vérifier l'absence totale d'éléments pointus ou de bords coupants susceptibles de provoquer des blessures. Assurez-vous par ailleurs que le système de fermeture est bien à l'épreuve du furet, pour éviter de le retrouver en train de se promener librement dans la maison. Vérifiez que la porte est assez

La cage devra être d'autant plus spacieuse que les furets passeront beaucoup de temps à l'intérieur

Une corbeille pour chien n'est pas un accessoire très utile : le furet préférerait dormir sous le coussin

large pour laisser passer sans problème le bac à litière. Le fond grillagé ne convient pas aux pattes des furets, qui risquent de se blesser : recouvrez-le par conséquent de chiffons (vieux chandails, serviettes de toilette) ou même de morceaux de linoléum. Dans le cas d'un fond plein, n'utilisez pas de copeaux de bois, de sciure ou de lanières de papier journal comme garniture : éparpillés de tous côtés et à l'extérieur de la cage, vous seriez continuellement obligé de les ramasser.

À l'intérieur, prévoyez un petit abri où dormir : nid en osier, boîte en carton (facile à remplacer) ou tube de plastique (les furets adorent se glisser dans des tubes, des tunnels, des manches de vêtements), avec des bouts de tissu en guise de lit. Si l'animal a tendance à mâchonner ces derniers (comme le font généralement

Les biberons accrochés aux barreaux de la cage représentent une solution pratique. Il convient de toujours veiller à les maintenir bien remplis et propres

Le bac à litière doit avoir des bords suffisamment bas pour permettre au furet d'entrer et sortir sans difficulté

GARNITURES POUR LE BAC À LITIÈRE

Sépiolite (litière pour chats). Excluez les produits parfumés et ceux qui s'agglomèrent. À éviter si le furet prend l'habitude de se rouler dedans, dans la mesure où la poussière dessèche et salit son pelage. La poussière peut en outre provoquer des éternuements.

Papier recyclé compressé. Excellente matière, très absorbante et ne causant pas de blocage intestinal en cas d'ingestion.

Sciure ou copeaux de bois. Évitez absolument ceux de pin, de cèdre et de résineux en général, qui dégagent des substances toxiques.

Maïs concassé. Très bon produit, absorbant et non poussiéreux.

les jeunes individus), ne les laissez pas à sa disposition car ils risqueraient de lui occasionner un blocage intestinal. Veillez enfin à ce qu'il y ait toujours de l'eau propre et de la nourriture dans la cage.
Le **bac à litière** constitue un autre accessoire indispensable. Les furets ayant d'instinct tendance à faire leurs besoins dans un coin, ils apprennent vite à se servir du bac à litière, exactement comme les chats, même s'ils ne recouvrent pas leurs déjections.
On a le choix entre les bacs à litière ordinaires pour chat et n'importe quel récipient en plastique à bords bas (une cuvette, par exemple). Le rebord du bac à litière doit être suffisamment haut pour que, les furets ayant l'habitude de se soulager dans un coin contre la paroi, les déjections ne puissent pas tomber en dehors. Il faut néanmoins que l'animal (surtout un jeune individu) y ait facilement accès, de sorte qu'il s'avère parfois conseillé d'abaisser l'un des côtés. Le commerce propose des bacs à litière spécialement conçus pour les furets : triangulaires, ils s'adaptent parfaitement dans les coins et possèdent deux côtés très élevés qui protègent les parois d'éventuels « accidents ».
Quand le furet est lâché dans la maison, il convient de disposer plusieurs bacs à litière dans des endroits stratégiques : procurez-vous par conséquent beaucoup de récipients. Achetez également une pelle pour ramasser les excréments, une opération à effectuer assez fréquemment.
Vifs et joueurs, les furets ont souvent tendance à renverser leurs **mangeoires**.
C'est la raison pour laquelle il vaut mieux choisir des écuelles en céramique, plus lourdes et donc plus stables, ou bien des mangeoires à

Un lourd bol en céramique, moins facile à renverser, constitue le meilleur des récipients pour la nourriture

fixer sur les parois. L'eau sera de préférence distribuée à l'aide d'un **biberon** accroché aux barreaux de la cage. Il conviendra de la changer tous les jours, sans oublier de nettoyer et de désinfecter régulièrement le biberon. Vous pouvez aussi installer une baignoire : les furets aiment généralement jouer avec l'eau.
Même s'il n'est pas vraiment indispensable, le **hamac** suspendu à l'intérieur de la cage est un autre accessoire particulièrement apprécié des furets, qui adorent y dormir.
Achetez par ailleurs une **laisse** et un **harnais** si vous prévoyez d'emmener votre compagnon dehors, ainsi qu'une petite **médaille** gravée de votre adresse et de votre numéro de télé-

Évitez d'acheter des colliers en nylon tressé : en s'effilochant, ils s'abîment et s'amincissent autour du cou

phone, au cas où le furet se perdrait ou bien se sauverait à l'extérieur. Un **collier** ordinaire muni d'un grelot s'avérera utile à la maison, pour éviter de marcher sur l'animal et le localiser plus facilement.

Soyez très vigilant dans le choix des **jouets** mis à la disposition des furets. Ces animaux ont malheureusement tendance à les ronger, à les réduire en pièces et à avaler d'éventuels fragments, ce qui peut se révéler excessivement dangereux. Les fragments en question risquent en effet de provoquer un blocage intestinal nécessitant une intervention chirurgicale immédiate.

Ne donnez pas au furet des jouets dont certaines pièces se détachent : ces dernières pourraient causer un blocage intestinal

Excluez d'office tous les objets en caoutchouc mou, pour lesquels les furets éprouvent une attirance fatale qui les pousse à les mettre en lambeaux et à ingérer les morceaux, avec les graves conséquences que cela entraîne.

Les jouets de ce genre, en caoutchouc mou, s'avèrent très dangereux car ils risquent de provoquer un blocage intestinal. Attirés par cette matière, les furets aiment en effet la mâchonner et l'avaler

Évitez que des peluches et... des lacets de chaussure tombent sous les dents du furet

Le poisson en nylon constitue un jouet idéal pour les furets, mais attention à la corde ! L'animal pourrait en ingérer un morceau

Les furets adorent les fausses souris en fourrure, mais attention à ce qu'ils ne les réduisent pas en miettes pour en ingérer un morceau

Préférez en revanche les objets en plastique dur ou autre matériau résistant à la mastication. Ceux qui renferment un grelot ou bien qui couinent quand on les presse sont particulièrement divertissants. Avec un peu d'imagination, on peut même fabriquer soi-même des jouets : un objet attaché au bout d'une ficelle et traîné pour que le furet se lance à sa poursuite, ou bien pendu à une poignée de porte ; de vieux pantalons dans lesquels se faufiler ; des tubes ou des bouteilles en plastique coupées à chaque extrémité et réunies pour former un tunnel ; une boîte de pellicule photographique avec un objet à l'intérieur, qui fait du bruit quand on la secoue. On peut aussi créer un miniparc d'attractions pour furets avec plusieurs boîtes en carton dans lesquelles on découpe des ouvertures à la taille de l'animal et que l'on relie entre elles en ajoutant éventuellement des tubes. Les furets aiment beaucoup se glisser dans des sachets en plastique ou en papier (d'autant plus amusants qu'ils seront bruyants) : veillez cependant à ce qu'ils ne restent pas coincés à l'intérieur. Les balles de tennis et de ping-pong constituent également des jouets sûrs.

Les balles en plastique dur constituent un bon exemple de jouets sans danger pour les furets

Objets en peau de buffle à ronger : un excellent passe-temps

Comment rendre sa maison « à l'épreuve du furet »

Le furet a besoin de passer du temps hors de sa cage (pour jouer, prendre de l'exercice, se faire cajoler), mais sous réserve de quelques précautions. Petits et agiles, ces animaux se faufilent partout et manifestent une habileté exceptionnelle pour se mettre dans le pétrin. Il faut donc que le milieu dans lequel on les lâche soit « à l'épreuve des furets » (même si on prévoit de ne pas les quitter des yeux, une seconde suffit pour qu'ils découvrent une minuscule ouverture et s'échappent).
Au début, tout au moins, il convient de choisir une seule pièce de la maison où se dérouleront ces phases de « liberté surveillée ».
Commencez par retirer ou rendre absolument inaccessible chaque objet, surtout de valeur, risquant d'être cassé ou abîmé. Faites ensuite attention à tout ce qui peut être avalé, notamment les objets en caoutchouc mou, comme les rembourrages en mousse des coussins, les gommes, les éponges de cuisine, les garnitures des casques stéréophoniques, les élastiques, les lacets de chaussures, les sucettes pour enfants et les tétines, etc., ou bien les substances dangereuses (bouteilles de détergent, savon, eau de javel, paquets de cigarettes, médicaments).
N'oubliez pas non plus d'inspecter et de boucher la moindre ouverture et tout espace où le furet pourrait s'introduire sans être facile à récupérer, en tenant compte de ses faibles dimensions et de son aptitude à se glisser dans des endroits vraiment très exigus. Attention, par conséquent, aux éventuels trous ménagés dans les murs pour laisser passer des tuyaux et à l'espace vide sous les appareils électroménagers et les meubles. Capables d'ouvrir des tiroirs et de petites armoires, les furets peuvent aussi se faufiler sous les coussins des canapés ou des matelas et finir écrasés. Bloquez l'accès aux fenêtres, balcons et terrasses. Les fils électriques, les plantes toxiques, les sièges à bascule et les objets lourds susceptibles de se renverser et d'écraser le furet constituent d'autres dangers.
Pour finir, vérifiez toujours où se trouve votre petit compagnon avant de mettre le lave-linge ou le lave-vaisselle en marche ; s'il se trouve dans les parages quand vous ouvrez le réfrigérateur, regardez bien avant de le refermer !
Les furets aiment creuser dans les pots de fleurs. Pour éviter aux plantes de la maison de subir des dommages, la solution consiste à disposer de petites pierres ou bien un grillage métallique sur la terre.

Attention à tout ce qui doit rester hors de la portée du furet

Creuser dans les pots de fleurs : quel merveilleux divertissement ! Pour éviter que les plantes ne soient abîmées, vous pouvez poser de gros cailloux sur la terre

Le furet en liberté

Comment faire de sa maison un milieu sûr

Comme nous l'avons déjà dit à plusieurs reprises, le furet ne doit pas rester constamment enfermé dans une cage, même spacieuse et remplie de jouets : il faut lui accorder quelques heures de liberté pour lui permettre de faire un peu d'exercice et de jouer avec vous. Veillez à ce que cette sortie se déroule dans un milieu sûr : avant d'installer le furet chez vous, inspectez soigneusement une pièce afin d'éliminer tous les dangers et les risques d'évasion possibles. Les premiers jours où vous lâcherez l'animal, surveillez en permanence le moindre de ses gestes, de manière à vous assurer qu'il ne réussit pas à découvrir un « point faible » qui vous aurait échappé.

Les furets sont extrêmement curieux et aiment explorer leur environnement

Surveillez étroitement le furet en liberté, pour l'empêcher de se mettre dans le pétrin ou de commettre une bêtise

Le furet a besoin de dormir beaucoup : respectez son sommeil et laissez-le se reposer quand il en a besoin

Lorsque vous aurez fini de jouer ou que le furet sera fatigué, replacez-le dans sa cage : il y sera davantage en sécurité. Avec le temps, quand ses habitudes et son comportement n'auront plus de secret pour vous, vous éprouverez moins d'inquiétude à le laisser hors de sa cage et vous l'autoriserez peut-être même à dormir où bon lui semble, mais ne négligez jamais les règles de sécurité. Un oubli, une bévue, une porte ou une fenêtre entrouverte pourront causer la perte de votre petit compagnon ou se trouver à l'origine de fractures et de blessures.

Le dressage au bac à litière

Le furet peut apprendre assez facilement à faire ses besoins dans le bac à litière, qu'il soit dans sa cage ou bien en liberté dans la maison, même si ce comportement n'est pas spontané comme chez les chats. Le dressage s'avérera beaucoup plus simple si le furet reste confiné dans sa cage les premiers jours suivant l'achat. Il s'agit en effet d'un animal propre par nature : il ne se soulage pas dans sa tanière, et encore moins à l'endroit occupé par les récipients de nourriture et d'eau, mais réserve pour cela un petit coin de sa cage. En mettant le nid dans un coin, les bols de nourriture et d'eau dans deux autres et un bac à litière dans le dernier, le furet choisira cet emplacement pour faire ses besoins (les choses se compliquent si la cage comprend deux étages ou plus, mais la solution consiste alors à disposer plusieurs bacs à litière).

Les bords du bac doivent être adaptés à la taille du furet : un sujet de quelques semaines peut avoir du mal à entrer et sortir d'un bac convenant en revanche à un adulte ou à un chat. Il faut veiller à maintenir le bac toujours propre, faute de quoi le furet refusera de l'utiliser, mais en laissant une « trace » de son précédent emploi de manière que l'animal ne s'en serve pas comme d'un terrain de jeu, pour creuser et se rouler dedans.

Quand vous commencerez à lâcher le furet dans la maison, limitez ses premières sorties en liberté à une pièce de dimensions réduites, en plaçant le bac à litière dans un coin. Chaque fois que le furet s'y rendra, récompensez-le juste après en le couvrant de louanges et de caresses et en lui offrant une friandise.

La facilité avec laquelle on peut dresser le furet à faire ses besoins dans le bac à litière constitue l'un des avantages de cet animal de compagnie

Il établira vite un lien entre les deux choses et fera tout son possible pour être récompensé. Dans des pièces plus grandes, il convient de disposer plusieurs bacs à litière dans des endroits stratégiques pour qu'il y en ait toujours un à portée... de besoins. Si le furet manifeste une préférence pour un coin, installez-y un bac : il l'utilisera de façon spontanée. Les furets font généralement leurs besoins quelques minutes après leur réveil : vous pouvez ainsi attendre qu'ils soient allés dans le bac à litière avant de les sortir de leur cage.
Rappelez-vous cependant que dans la mesure où ils consomment de nombreux petits repas par jour, ils ont tendance à se soulager fréquemment.

Comment lui enseigner un ordre

Les furets sont très intelligents et peuvent, avec un peu de patience, assimiler un enseignement simple : le plus difficile consiste à retenir suffisamment longtemps leur attention. N'essayez même pas de leur apprendre quelque chose dans un environnement nouveau : ils seraient trop occupés à l'explorer. Pour les inciter à obéir, récompensez-les par des louanges, des caresses et, surtout, une friandise (à choisir parmi celles autorisées !).
Tous les furets devraient savoir accourir à un appel spécifique, ce qui vous sera d'une très grande utilité. Ne les appelez pas par un nom, car ils y répondent rarement. Optez en revanche pour un son (sifflet, grelot), que vous associerez chaque fois à une friandise particulièrement appréciée : dès que le furet l'entendra, il se précipitera pour recevoir sa récompense. Ce moyen vous servira à retrouver sa trace quand vous ne parviendrez pas à localiser sa position, en espérant qu'il ne sera pas profondément endormi dans un recoin impensable et totalement inaccessible pour vous.

À l'extérieur

Si laisser le furet se promener dans la maison requiert une bonne dose d'attention, le sortir en demande encore plus. Cela ne signifie pas pour autant qu'il s'agit d'un projet irréalisable et qu'il ne faut pas lui permettre de jouer et de s'amuser aussi à l'extérieur.
Avant de vous aventurer en plein air, attendez que l'animal se soit parfaitement habitué et attaché à vous. Mieux vaudrait également qu'il ait déjà appris à répondre à votre appel, au cas où il vous échapperait et où vous le perdriez de vue (ce qui ne devrait de toute façon absolument jamais arriver).
Mettez-lui toujours un harnais impossible à retirer et muni d'une petite médaille portant vos coordonnées (on n'est jamais trop prudent), ainsi qu'une laisse. Beaucoup de furets se dressent sans problèmes à la marche au pied, d'autres ne s'y prêtent pas vraiment : il faut de la patience, de la constance et un peu d'entraînement à la maison. La première fois que vous emmènerez votre ami à quatre pattes dehors, choisissez une zone tranquille, sans trop de gens ni de bruits de circulation, et observez comment il réagit. S'il se montre très effrayé, ramenez-le chez vous ou bien replacez-le dans sa cage de voyage ; retentez l'expérience à plusieurs reprises, progressivement, mais s'il ne parvient pas à s'habituer, renoncez aux sorties à l'extérieur. La plupart des furets, surtout ceux accoutumés dès leur plus jeune âge, pourront vous accompagner dehors et même en voyage sans grosses difficultés.
Veillez néanmoins à ne jamais laisser, ne serait-ce qu'une minute, un furet tout seul en plein air : il risquerait de s'enfuir, d'être attaqué par des chiens ou des chats.On pourrait aussi vous le voler.

Les premières fois que vous emmenez votre furet dehors, choisissez un endroit tranquille où rien ne risquera de l'effrayer

Voyager avec son furet

Dans le cas où vous devriez effectuer un voyage, long ou court, et où vous souhaiteriez emmener votre petit compagnon avec vous, vous devrez vous organiser à l'avance pour éviter d'oublier un accessoire indispensable et faire en sorte que tout se déroule parfaitement. Pour un bref séjour, une cage de voyage pour chat suffit, mais si vous prévoyez de partir plus longtemps, munissez-vous également d'une cage plus spacieuse dans laquelle vous installerez le furet à l'arrivée.

La cage de voyage

Entièrement à l'épreuve des évasions, robuste et lavable, la cage de voyage doit en outre procurer au furet une impression de sécurité. Les modèles en plastique dur, avec une porte en métal (les charnières de celles en plastique se brisent souvent, en rendant l'ensemble inutilisable), conviennent parfaitement à cette fin.

Les cages métalliques offrent les mêmes garanties de sécurité et de robustesse, mais ont l'inconvénient d'être à claire-voie sur tous les côtés, si bien que l'animal se sent « exposé » et n'éprouve pas le sentiment de protection engendré par des parois pleines.
Les modèles en tissu et, surtout, en osier sont absolument à éviter : le furet trouverait ou réussirait trop facilement à se créer un moyen de s'échapper. La cage de voyage doit être suffisamment ample pour contenir un petit bac à litière et laisser un peu d'espace à la disposition de l'animal. Vous disposerez dans le fond une couche de papier journal, de manière à rendre les opérations de nettoyage plus simples et plus rapides. Un chiffon propre constituera par ailleurs un nid douillet au moment de dormir.
Ne laissez pas les récipients d'eau et de nourriture en permanence à l'intérieur : avec les mouvements occasionnés par le voyage, leur contenu finirait par se répandre en trempant le

Dans le cas d'un long voyage, emportez si possible une petite cage où vous installerez le furet à l'arrivée

fond de la cage. Retirez également les biberons, sous peine de les voir goutter à la moindre secousse en cours de route. L'eau et la nourriture seront distribuées à intervalles réguliers pendant les haltes.
L'usage de la cage de voyage s'impose également dans le cas d'un trajet très court, à l'occasion par exemple d'une visite chez le vétérinaire. N'emmenez jamais votre furet dans un milieu étranger, et encore moins une salle d'attente pleine de chats et de chiens, en le tenant dans vos bras. S'il prenait peur ou s'agitait pour une raison quelconque, il risquerait de vous échapper des mains en entraînant Dieu sait quelles conséquences...

Ce qu'il faut emporter

Outre les **bols d'eau et de nourriture**, emportez avec vous une petite réserve d'eau et de croquettes. Dans le cas d'un long voyage, prévoyez éventuellement un **stock de nourriture** suffisant pour toute la durée du séjour, car vous pourriez avoir du mal à trouver un magasin commercialisant la même marque. Un aliment nouveau risquerait de causer des troubles intestinaux ou d'être refusé. N'oubliez pas de faire provision de **vieux journaux** destinés à garnir le fond de la cage de voyage et de produit pour le bac à litière, même si des journaux réduits en menus morceaux font l'affaire en cas d'urgence. Munissez-vous par ailleurs d'un certain nombre de **chiffons**, car ceux placés dans la cage de voyage se saliront vite et devront être changés souvent. Prenez aussi quelques **jouets**, en choisissant les moins encombrants. Mettez un **collier** avec vos coordonnées à l'animal, et n'oubliez pas sa **laisse**.
Emportez enfin le **carnet de santé** du furet, au cas où une visite chez le vétérinaire s'avérerait nécessaire, de même qu'une quantité suffisante de **médicaments** si votre petit compagnon suit un traitement.
Pour un voyage de longue durée, vous aurez également besoin d'une brosse, d'un coupe-ongles, d'un shampoing, de **produits pour nettoyer** les oreilles et les dents, sans oublier un insecticide contre les puces.

Comment se déplacer

La voiture représente la solution idéale pour se déplacer avec un furet, car elle permet de transporter facilement tout le matériel nécessaire, de décider quand s'arrêter pour nourrir l'animal et de le sortir sans risque de sa cage pour qu'il se dégourdisse un peu les pattes (à condition que le véhicule soit bien fermé !).
Dans le cas d'un trajet effectué l'été ou pendant les heures les plus chaudes de la journée, la climatisation s'impose. Les furets ne supportent pas les températures élevées et seraient très vite victimes d'un coup de chaleur dans une voiture exposée au soleil brûlant, même avec les vitres baissées (ces animaux ne peuvent pas suer !). Pour la même raison, ne laissez jamais (ne serait-ce que quelques minutes) le furet enfermé dans un véhicule en stationnement quand il fait chaud ; ouvrir à moitié les fenêtres ne servirait pas à grand-chose. Ne vous éloignez pas non plus trop longtemps d'une automobile placée à l'ombre : en se déplaçant, le soleil peut la transformer en un piège mortel.
Si vous devez transporter le furet sur un court trajet dans une voiture non climatisée, vous lutterez contre la chaleur en disposant dans le fond de la cage des sachets réfrigérants (ceux qui servent à maintenir les aliments à basse température et qui, une fois congelés, restent froids plusieurs heures d'affilée) recouverts d'un linge ou, à la limite, des bouteilles en plastique remplies d'eau glacée.
Si vous voyagez seul, laissez le furet enfermé dans sa cage : en liberté dans le véhicule, il risquerait de finir sous les pédales ou de vous distraire, en provoquant un accident.
Dans un moyen de transport public (train ou car), le furet doit demeurer en permanence dans sa cage : un environnement nouveau pourrait susciter des réactions imprévues chez votre compagnon et l'amener à s'échapper, à mordre quelqu'un ou à terroriser un voyageur ne connaissant pas ces animaux.
Pour un voyage en avion, renseignez-vous à l'avance auprès de la compagnie aérienne pour savoir si vous serez autorisé à garder le furet (toujours bien enfermé) avec vous dans la cabine et quelles caractéristiques la cage doit posséder. Avant de partir en vacances, vérifiez que l'hôtel, la pension de famille, etc. acceptent les furets. Une fois sur place, inspectez très soigneusement la chambre et regardez derrière chaque meuble afin d'éliminer tous les dangers et les risques d'évasion : il faut en résumé la rendre « à l'épreuve du furet ». Quand vous sortez, laissez l'animal en sécurité à l'intérieur de sa cage (de voyage ou autre).

En voyage

Avant d'entreprendre un voyage d'une certaine durée, habituez progressivement votre furet à rester dans sa cage et faites-lui faire de courts trajets en voiture. Bon nombre de furets refusent de demeurer enfermés gentiment et paisiblement, et grattent sans cesse à la recherche d'une issue. La seule solution consiste à les ignorer complètement, jusqu'à ce qu'ils se résignent à se tenir tranquilles. En cédant et en les laissant sortir quand ils agissent ainsi, vous ne ferez que renforcer leur comportement négatif : ils sauront qu'à force d'insister, ils finiront par obtenir ce qu'ils veulent. Pour qu'ils restent calmes durant le voyage, vous pouvez aussi jouer avec eux et leur permettre de se défouler avant le départ, de manière à les fatiguer et à ce qu'ils s'endorment ensuite sans problèmes. L'emploi de sédatifs ou de tranquillisants s'avère déconseillé en raison de leur effet d'engourdissement prolongé chez le furet.

Se rendre à l'étranger

Emmener le furet hors des frontières nationales implique de respecter des règles précises. Il faut demander au vétérinaire de procéder à la pose, sous la peau de l'animal, d'une puce électronique à l'aide d'une seringue spéciale. Il s'agit d'une opération rapide et quasiment indolore, qui permet d'identifier en permanence le furet.
Il convient ensuite de vacciner votre compagnon contre la rage au moins un mois avant le départ. La vaccination est valable 11 mois dans la plupart des pays. Après quoi, n'oubliez pas de solliciter auprès des services vétérinaires compétents la délivrance d'une autorisation de sortie du territoire, d'une durée de validité d'une semaine. Mieux vaut vous renseigner en temps utile auprès du pays dans lequel vous souhaitez vous rendre pour savoir si d'autres vaccins sont obligatoires et si une quarantaine est prévue.
Les choses se compliquent au Royaume-Uni, où la quarantaine de 6 mois a été récemment remplacée par la réalisation d'un test (à effectuer un mois après la vaccination), qui permet de définir le degré d'immunité contre la rage. En cas de résultat satisfaisant, il faut attendre 6 mois avant d'introduire le furet sur le sol britannique, en veillant par ailleurs à le traiter contre les tiques et le ténia *Ecchinococcus multilocularis* avant de franchir la frontière (le tout sous contrôle vétérinaire et moyennant l'obtention du certificat correspondant).

Et si le furet ne peut pas venir ?

Si vous devez partir sans pouvoir emmener votre furet avec vous, essayez de trouver à temps quelqu'un disposé à s'en occuper.
Première solution : vous laissez l'animal chez vous, auquel cas la personne chargée d'en prendre soin ira tous les jours changer l'eau, distribuer de la nourriture fraîche et nettoyer le bac à litière. Il faudra prévoir une ration alimentaire suffisante pour une journée entière, en optant donc de préférence pour les croquettes. Il s'avère fondamental d'effectuer une visite de contrôle quotidienne, pour s'assurer que le furet ne manque ni d'eau, ni de nourriture, et pour intervenir sans perdre une seconde s'il se sent mal.
Seconde solution : vous transférez le furet et sa cage dans la maison d'un hôte. Vérifiez à chaque fois que la personne retenue pour cette tâche a l'habitude de manipuler un furet (l'idéal consiste à choisir quelqu'un qui en possède déjà un) et fournissez-lui des instructions écrites. Si la personne en question n'a pas la moindre expérience de ces animaux, mieux vaut par prudence qu'elle laisse le furet en sécurité dans sa cage ou qu'elle le surveille continuellement du regard pendant ses moments de liberté. Il est difficile de transformer rapidement quelqu'un en un spécialiste des astuces permettant de faire de la maison un milieu sûr et de tous les dangers qui guettent le furet quand il sort de sa cage.
Laissez une bonne provision de nourriture, une adresse où vous joindre facilement en cas de besoin, le numéro de téléphone du vétérinaire qui suit votre compagnon et le carnet de santé de l'animal. Si vous ne trouvez personne pour s'occuper à domicile du furet, il ne vous reste plus qu'à demander à une pension ou à une animalerie de l'accueillir. Il faut là aussi que le personnel de l'établissement connaisse bien cette espèce, pour éviter de commettre des erreurs et l'empêcher de s'échapper. Avant d'opter pour cette solution, assurez-vous que la vaccination contre la maladie de Carré n'est pas périmée et appliquez un traitement contre les puces. Laissez, dans ce cas également, des instructions précises, des numéros de téléphone .

L'alimentation

Le furet est un carnivore au sens strict. Cela signifie que son organisme a besoin d'aliments d'origine animale et qu'il n'est pas en mesure d'assimiler convenablement les protéines végétales. Son appareil digestif très spécialisé est relativement court (les ingrédients d'origine animale sont assimilés plus rapidement que les substances végétales), dépourvu de cæcum (qui sert à digérer les fibres, absentes des denrées animales), et la nourriture n'y séjourne pas longtemps (environ 3 à 4 heures, raison pour laquelle les protéines doivent être d'excellente qualité, afin de garantir une assimilation rapide).

Le furet a en outre un métabolisme particulièrement rapide : son organisme brûlant extrêmement vite la nourriture qu'il consomme, il doit toujours en avoir à sa disposition car il aime faire de nombreux petits repas. Si vous voulez que votre compagnon jouisse d'une bonne santé, assurez-vous que son alimentation respecte ses besoins physiologiques.

En raison de leur métabolisme rapide, les furets aiment faire de nombreux petits repas, si bien qu'ils doivent toujours avoir de l'eau et de la nourriture à leur disposition

Pour un sujet adulte en condition physique normale, la ration offrira la composition idéale suivante :
– protéines : 36 à 38 % (et de toute façon pas moins de 32 %) ;
– matières grasses : 22 à 24 % ;
– fibres : 1,5 % ;
– hydrates de carbone : environ 20 %.

Pour vérifier que la nourriture achetée dans le commerce correspond à ces valeurs, il suffira dans la pratique de lire l'étiquette. Un plus faible pourcentage de protéines peut s'avérer conseillé chez les furets âgés, pour éviter des problèmes rénaux.

La nourriture appropriée

Confectionner une ration ménagère qui respecte les besoins alimentaires du furet n'est ni simple, ni pratique. La meilleure solution consiste sans aucun doute à acheter des aliments tout prêts, en veillant à ce que leur composition soit bien adaptée à cette espèce.
Le commerce propose désormais plusieurs marques de nourriture spéciale pour furets sous la forme soit de croquettes, soit de boîtes de conserve. On peut aussi se tourner vers les préparations industrielles pour chats, à condition de choisir un produit de type premium (à savoir de très haute qualité). De moins bonne qualité, les aliments pour chats que l'on trouve habituellement dans les supermarchés ne conviennent pas. Leur principale source de protéines étant en effet d'origine végétale (céréales, par exemple), il convient donc de les éviter. Un excès de céréales peut en outre susciter la formation de calculs urinaires.
À défaut de nourriture spécifiquement conçue pour les furets, il est recommandé de leur distribuer jusqu'à l'âge de 3 ou 4 ans une préparation industrielle pour chatons en pleine croissance, car elle contient de plus forts taux de matières grasses et de protéines. À partir de 4 ans, on passe aux rations pour chats adultes, d'entretien.
Les aliments secs, sous forme de croquettes, sont certainement préférables aux conserves : ils aident à garder des dents et des gencives saines, s'avèrent plus économiques et peuvent être laissés à la disposition du furet sans risquer de se gâter rapidement. Les aliments humides (les fameuses « boîtes ») s'utilisent occasionnellement à titre de récompense ou pour varier le régime, et interviennent dans les premières phases du sevrage, à partir de la troisième semaine de vie (voir page 69 et suivantes).

Le commerce propose des aliments spéciaux pour furets, mais vous pouvez aussi choisir de la nourriture pour chats d'excellente qualité

L'IMPORTANCE DE LA VARIÉTÉ

Si vous distribuez au furet, dès son plus jeune âge, une seule sorte de nourriture, vous risquez de le voir par la suite s'obstiner à ne vouloir manger que ce type d'aliment bien précis, à l'exclusion de tout autre. Vous rencontrerez ainsi de gros problèmes le jour où, pour des raisons de santé ou d'âge, il faudra modifier son régime. En habituant en revanche votre compagnon à plusieurs marques différentes et à goûter d'autres denrées autorisées, vous éviterez de le rendre difficile et entêté.

L'eau

Il est très important que le furet ait toujours de l'eau fraîche à sa disposition. À la place du bol (que l'animal peut renverser ou prendre pour une baignoire), mieux vaut utiliser un biberon à accrocher sur les parois de la cage et qui constitue une réserve permanente d'eau propre. Veillez néanmoins à contrôler chaque jour son niveau et son fonctionnement correct : s'il se bouche ou se vide complètement, le furet souffrira vite d'un phénomène de déshydratation.

Veillez à ce que le furet ne manque jamais d'eau

La fréquence des repas

Comme nous l'avons déjà dit, le furet a un métabolisme particulièrement rapide : il assimile et brûle très vite sa nourriture. Cet animal a besoin de consommer de nombreux petits repas, à raison d'une dizaine par jour. Si vous avez opté pour la solution des croquettes, vous pouvez les laisser à sa disposition de manière à ce qu'il puisse manger chaque fois

Actifs et vifs comme ils sont, les furets grossissent rarement

qu'il en a envie. Seule l'obésité (par ailleurs rare) incitera éventuellement le vétérinaire à prescrire une réduction de la ration.

Les « gourmandises » occasionnelles

L'alimentation de base de votre compagnon se composera donc de croquettes spéciales pour furets ou d'une préparation industrielle pour chats d'excellente qualité plus, de temps en temps, la distribution d'une nourriture en conserve possédant les mêmes caractéristiques. Mais rien ne vous empêche de varier occasionnellement son régime et de le « gâter » en lui offrant quelques friandises. Parmi les gourmandises autorisées figurent des denrées d'origine aussi bien animale (viande cuite sans os, œufs durs, fromage) que végétale, qu'il faudra cependant toujours proposer à titre exceptionnel et en petite quantité (pas plus d'une ou deux cuillerées à café en tout par jour).

Les furets peuvent manger n'importe quelle sorte de fruit ou de légume, cru ou cuit, faisant partie de notre alimentation, même si les goûts diffèrent d'un sujet à l'autre. Parmi les aliments les plus appréciés, citons les courgettes, les haricots verts, les mandarines, les melons, les bananes, les raisins secs et les dattes.

Les furets digèrent mal les hydrates de carbone, à savoir le pain, les pâtes, les biscuits et les confiseries, qui ne seront donc distribués qu'en très petite quantité et occasionnellement.

LES ALIMENTS À ÉVITER	
Les aliments	**Pourquoi faut-il les éviter**
Nourriture pour chiens, de n'importe quel type.	Ces aliments ne satisfont pas les besoins nutritionnels du furet et, avec le temps, provoquent des carences alimentaires et des problèmes de santé.
Nourriture pour chats, en conserve ou sous la forme de croquettes, de qualité médiocre.	Voir ci-dessus.
Aliments industriels pour furets, si la composition mentionnée sur l'étiquette ne correspond pas aux taux de protéines, de matières grasses et de fibres requis par les furets, et si les principaux ingrédients ne sont pas d'origine animale ou que l'un d'entre eux consiste en du poisson.	Voir ci-dessus.
Os, de poulet et de lapin par exemple.	Les fragments pointus peuvent infliger de graves blessures à l'appareil digestif du furet et la mort de l'animal.
Lait et produits laitiers (glaces, crèmes, etc.).	Le lactose n'est pas digéré convenablement et occasionne parfois des diarrhées.
Pâtisseries et denrées riches en hydrates de carbone (biscuits, pâtes, etc.).	En quantité élevée, les hydrates de carbone provoquent la diarrhée, et les gâteaux peuvent être à l'origine de problèmes dentaires et d'un phénomène d'obésité. Ces aliments ne renferment pas suffisamment de vitamines et de minéraux.
Viande crue.	Elle peut être contaminée par des bactéries et engendrer des infections intestinales.
Œufs crus.	Ils contiennent une substance, appelée avidine, qui détruit une vitamine importante : la biotine.
Poisson.	Les protéines du poisson ne sont pas assimilées correctement et ne conviennent en outre pas au furet. Le poisson peut même le faire vomir.
Aliments riches en fibres.	Les fibres ne sont pas digérées et s'avèrent responsables de troubles intestinaux.
Chocolat et café.	Ils renferment des substances nocives pour le furet.
Aliments riches en sel.	Ils peuvent causer des problèmes de santé.
Boissons alcoolisées.	Toxiques.

Les vitamines

Un furet qui consomme une nourriture d'excellente qualité n'a nul besoin de compléments vitaminiques et minéraux (dont l'excès risque au contraire de s'avérer dangereux).

Certains spécialistes suggèrent d'administrer l'hiver un supplément à base d'acides gras essentiels, qui aident le poil et la peau à résister sans dommage à l'atmosphère sèche d'une maison chauffée. Le vétérinaire peut éventuellement prescrire une complémentation.

Les friandises se distribuent avec beaucoup de parcimonie

SI LE FURET EST TROP GROS

Normalement, un furet en bonne santé et actif maintient un poids idéal tout en mangeant à volonté. Certains sujets ont néanmoins tendance à grossir, auquel cas une modification de leur régime alimentaire s'impose. On distingue deux principales causes d'obésité, comme chez les humains :

- trop de nourriture ;
- pas assez d'activité physique.

Si le furet passe presque tout son temps dans sa cage, avec de la nourriture toujours à sa disposition, et n'a pas l'occasion de faire de l'exercice, il grossira vite car il n'aura pas les moyens de brûler les calories consommées. Par ailleurs, plus l'animal sera gros, moins il aura envie de jouer et de bouger, ce qui créera un véritable cercle vicieux. Pour qu'il retrouve son poids de forme, il faudra lui permettre de prendre un peu d'exercice, en le faisant jouer activement, et réduire sa ration d'un quart.
Mieux vaut éviter une diminution brusque et procéder à une réduction progressive étalée sur plusieurs jours. Si votre compagnon mange une préparation industrielle pour chatons ou pour chats adultes, l'une des solutions consiste à distribuer une nourriture pour furets âgés, qui renferme moins de matières grasses et, par conséquent, moins de calories.
Les aliments pour chats obèses ou peu actifs sont en revanche totalement déconseillés, dans la mesure où ils contiennent une trop grande quantité de fibres que le furet ne réussirait pas à digérer convenablement. En cas d'obésité, il convient également de supprimer toutes les « gourmandises » hormis, éventuellement, les légumes, qui sont peu caloriques. Il est bon d'avoir une balance de précision pour pouvoir surveiller le poids et évaluer les progrès. La pesée aura lieu une fois par semaine et le résultat sera soigneusement noté. Si vous avez des doutes sur l'état de santé de votre animal, emmenez-le chez le vétérinaire avant d'entamer un régime, pour être sûr que son obésité n'a pas une origine physiologique.

« JE PEUX RÉSISTER À TOUT, SAUF À LA TENTATION... »

Si vous ne parvenez pas à résister aux supplications de votre furet qui vous regarde manger un aliment défendu, le seul moyen de régler le problème consiste à ne pas le consommer devant lui ! Vous éviterez ainsi de céder à la tentation ou de vous sentir coupable de ne pas avoir satisfait ses désirs. Par ailleurs, ne lui faites jamais goûter ne serait-ce qu'un petit morceau des denrées interdites, pour qu'il ne vous les réclame pas en vous voyant les manger.

Les furets sont attirés par les choses les plus étranges, mais il ne faut pas toujours les laisser tenter l'expérience

CACHE-CACHE AVEC LA NOURRITURE

Leur instinct pousse beaucoup de furets à s'emparer de petits morceaux de nourriture pour aller les cacher un peu partout dans la maison. Avec des croquettes, cela ne crée pas de gros problèmes, si ce n'est un peu de désordre. Il en va en revanche tout autrement avec des aliments humides, qui non seulement dégagent très vite de mauvaises odeurs, mais représentent surtout un danger pour la santé de l'animal, au cas où il déciderait par la suite de les manger. Pour éviter cela, surveillez bien votre compagnon lorsque vous lui donnez une denrée périssable, pour voir s'il la consomme sur le champ ou s'il court la dissimuler. Le furet perd généralement au bout de quelques années l'habitude de cacher sa nourriture.

Les soins

Le pelage

Les furets ne requièrent pas de soins spécifiques concernant leur pelage : ils savent en effet très bien se tenir propres tout seuls (si vous avez deux sujets, ou plus, vous les verrez en outre s'aider en se léchant mutuellement, comme le font les chats). En période de mue, au printemps et à l'automne, les furets ont tendance à perdre beaucoup de poils qui, ingérés lors des opérations de nettoyage, risquent de provoquer des troubles intestinaux (moyennant la formation d'amas de poil, ou trichobenzoars, cause potentielle d'un blocage intestinal). Il s'agit alors de brosser soigneusement et souvent l'animal pour éliminer le poil mort.
Il est conseillé d'administrer régulièrement une pâte laxative pour chats, de manière à favoriser le transit intestinal des poils ingérés. 2 à 3 cm de pâte tous les 2 ou 3 jours suffisent en général, en augmentant éventuellement le rythme d'administration en période de mue.

Les furets sont très propres et nettoient leur pelage comme le font les chats

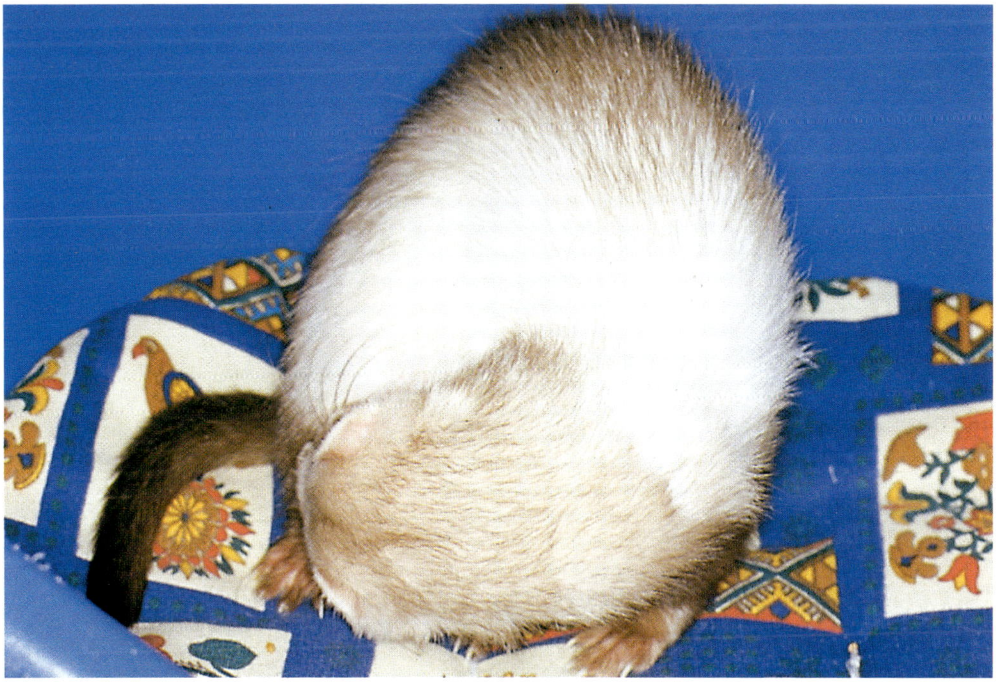

Le bain

Normalement, les furets stérilisés n'ont pas besoin d'être lavés souvent ; le bain ne modifie pas beaucoup leur odeur (par ailleurs légère) et risque plutôt, quand il a lieu trop fréquemment, de rendre la peau sèche et de provoquer des démangeaisons. Il ne faudrait pas laver le furet plus d'une fois par mois, à moins qu'il ne se soit sali à la suite d'une bêtise quelconque ou que des raisons médicales l'imposent. Vous lutterez beaucoup plus efficacement contre les mauvaises odeurs en changeant toutes les semaines les chiffons dont l'animal se sert pour confectionner son nid. Certains sujets se laissent volontiers laver, tandis que d'autres détestent cette opération, qui s'avère par ailleurs d'autant plus facile que le furet y a été habitué dès son plus jeune âge. Pour le bain, vous avez le choix entre un shampoing doux spécial pour chats ou pour furets et un shampoing pour bébé. Vous pouvez utiliser la baignoire ou bien une grande cuvette remplie d'un peu d'eau tiède. Mouillez entièrement l'animal et appliquez un peu de shampoing, en massant pour faire mousser. Veillez à ne pas mettre d'eau dans les oreilles ou de shampoing dans les yeux. Rincez ensuite soigneusement à l'eau courante et séchez le furet en le frottant avec une serviette de toilette. Si vous laissez des serviettes propres par terre, votre compagnon finira de se sécher tout seul en se roulant dessus. Les jours les plus froids, servez-vous d'un séchoir à cheveux réglé sur la température la plus basse.
Pour assouplir la peau après le bain, traitez-la éventuellement avec un baume hydratant spécialement conçu pour les chiens et les chats.

Pour donner un bain au furet, on le mouille tout d'abord avec de l'eau tiède...

...on applique ensuite un peu de shampoing

On frotte bien...

Il ne reste plus qu'à sécher...

...puis on rince soigneusement

...et à admirer le résultat

Les griffes

Un coupe-griffes pour chat ira aussi très bien pour les furets

Les griffes du furet poussent continuellement, comme nos ongles. Dans la nature, l'animal les use en creusant le sol, ce qui ne se produit pas à la maison : il faut donc les lui couper régulièrement, faute de quoi elles risquent de se casser ou de s'accrocher à la moindre occasion, en entraînant des conséquences très douloureuses. La coupe des griffes s'effectue toutes les 2 à 4 semaines, en fonction des besoins : examinez de temps en temps les griffes de votre compagnon pour pouvoir intervenir avant qu'elles ne deviennent trop longues. Les griffes des pattes avant poussent généralement plus vite et doivent être raccourcies plus souvent que celles des pattes arrière. N'utilisez pas de petits ciseaux à ongles ordinaires, mais procurez-vous un coupe-griffes spécifique pour chat.

Les furets n'apprécient pas beaucoup cette opération et se tiennent rarement tranquilles. Vous pouvez essayer de l'exécuter quand ils dorment (peut-être une seule patte à la fois), dans la mesure où leur sommeil est parfois si profond qu'ils ne se rendent même pas compte de ce que vous leur faites. Vous pouvez aussi les distraire d'une manière ou d'une autre, en leur offrant par exemple une friandise particulièrement appréciée : occupé à manger, l'animal ne prêtera pas vraiment attention à ce que vous ferez.

Avant de tailler chaque griffe, observez-la de près : au point d'attache, vous distinguerez une petite veine rouge qui, sectionnée par erreur, se mettra à saigner. Il faut raccourcir la griffe près de l'extrémité, pour éviter de toucher la veine. Si vous ne vous sentez pas très sûr de vous la

En appartement, les griffes ne s'usent pas suffisamment et doivent être coupées régulièrement

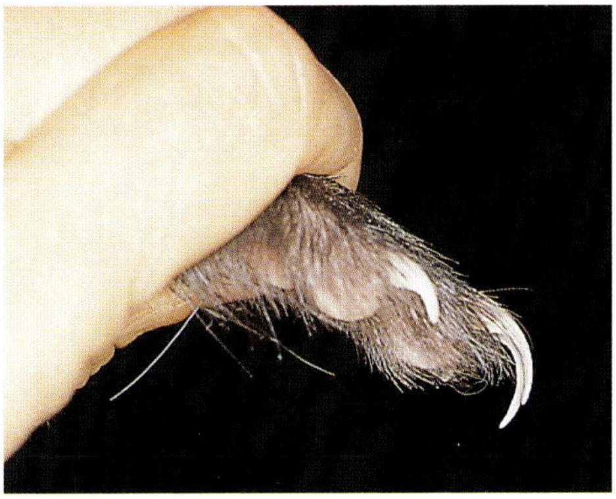
Pour tailler les griffes, on regarde jusqu'où va la veine...

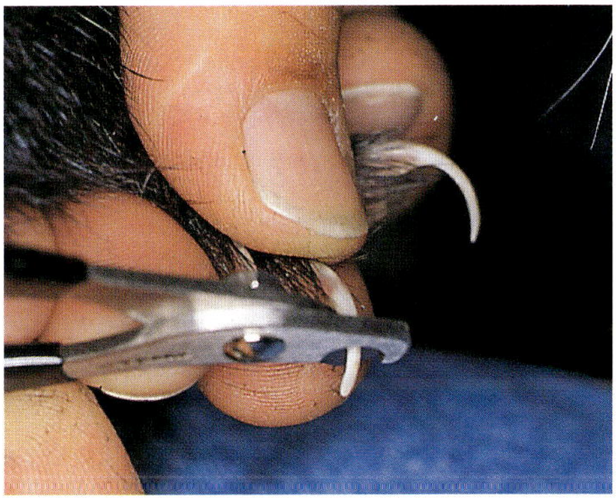
...on coupe au-dessous...

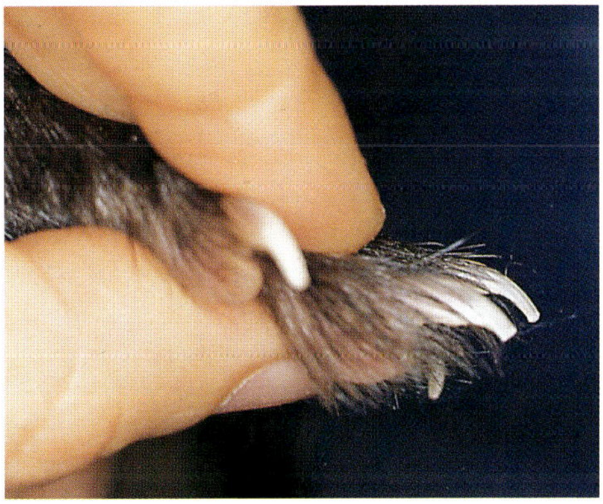
...et on vérifie le résultat

première fois que vous accomplirez cette tâche, demandez à votre vétérinaire de vous montrer comment procéder, puis tentez à votre tour l'expérience sous son contrôle.

Les dents

Les dents des furets s'avèrent prédisposées à la plaque dentaire, qui durcit progressivement pour former le tartre. Avec le temps, ce dernier provoque une inflammation des gencives et un déchaussement des dents, qui finissent par tomber. Seul le vétérinaire est habilité à retirer le tartre sous anesthésie, à l'aide d'un appareil à ultrasons (une opération appelée détartrage), mais un nettoyage régulier effectué à la maison (même si les furets ne sont pas toujours d'accord !) permet de prévenir et d'éliminer la plaque dentaire. Il s'agit de frotter les dents et les gencives avec une compresse de gaze ou une petite brosse spécifique sur laquelle on applique un dentifrice spécial pour chiens et chats, qui ne nécessite aucun rinçage et qui se compose d'enzymes aptes à dissoudre la plaque. À défaut de brossage, vous pouvez vous contenter de déposer quotidiennement dans la bouche de l'animal une petite dose de dentifrice : en la léchant, le furet la répartira sur ses dents. L'apparition d'incrustations jaunâtres ou brunâtres (dépôts de tartre) sur les dents signale qu'il est temps de prendre rendez-vous chez le vétérinaire pour qu'il procède à un nettoyage.

Attention : pour prévenir les problèmes dentaires et maintenir les dents plus propres, mieux vaut distribuer des aliments secs sous la forme de croquettes et éviter la nourriture en conserve.

Les dents se nettoient avec une petite brosse et du dentifrice

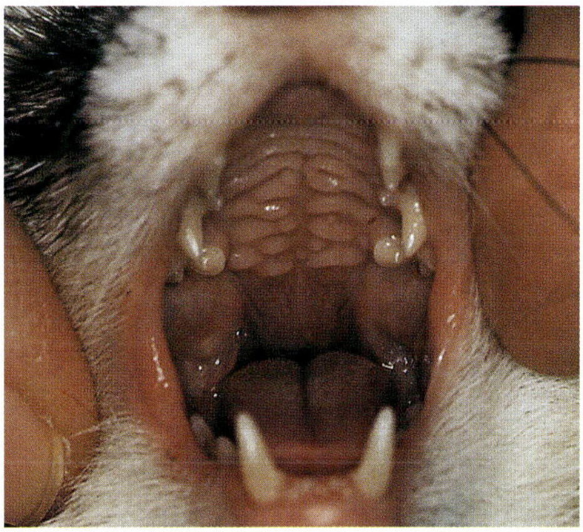

Les oreilles

Le nettoyage des oreilles est une autre opération à laquelle les furets ne se plient pas volontiers, mais qu'il convient de réaliser régulièrement. Le cérumen brunâtre qui a tendance à s'y accumuler doit en effet être soigneusement éliminé. Le moyen le plus rapide et le plus efficace consiste à appliquer l'un des produits vendus dans le commerce pour assurer la propreté des oreilles des chiens et des chats, et qui ont la propriété de dissoudre le cérumen.
Saisissez le furet par la peau du cou et tenez-le à moitié en l'air, de façon à l'immobiliser. Déposez dans chaque oreille quelques gouttes de liquide et massez délicatement. Avec un mouchoir en papier, retirez minutieusement le cérumen le plus apparent, puis libérez le furet. En secouant sa tête, il éliminera progressivement la substance présente à l'intérieur. N'essayez pas de nettoyer le conduit auditif, à savoir la partie la plus interne de l'oreille, avec un coton-tige : vous ne réussiriez qu'à enfoncer plus profondément le cérumen.
Le nettoyage des oreilles s'effectue en moyenne tous les 8 à 15 jours, en fonction des besoins. Les produits spécialement conçus à cet effet sont quoi qu'il en soit parfaitement inoffensifs et fiables, et peuvent donc éventuellement s'utiliser plus souvent. Si le furet se gratte les oreilles et secoue très fréquemment sa tête ou bien a les oreilles rouges, demandez au vétérinaire de l'examiner : il pourrait souffrir d'une otite nécessitant un traitement spécifique.

Il ne faut pas négliger de nettoyer régulièrement les oreilles, pour empêcher le cérumen de s'accumuler

Le furet et les animaux

La cohabitation avec les autres animaux

Les chances de voir un **chien** et un furet se lier d'amitié dépendent beaucoup du caractère du chien. Un peu de patience suffit généralement pour qu'ils parviennent à s'entendre, même s'il faudra toujours éviter de les laisser seuls sans surveillance pour ne pas courir le moindre risque. Instinctivement, les furets n'ont pas peur des chiens et pourraient donc essayer de jouer en leur tirant les oreilles ou en leur mordillant les pattes, sous peine de déclencher une réaction violente.

On ne rencontre normalement pas de grosses difficultés avec un chiot, alors que, avec un chien déjà grand, les présentations doivent s'effectuer très progressivement et moyennant beaucoup de prudence. Au début, mieux vaut mettre une muselière au chien et permettre aux deux animaux de se flairer quel-

Un tendre baiser de bienvenue, ou l'avant-goût d'un bon repas ?

ques minutes, en observant les réactions du chien. Empêchez le furet de mordiller le chien, même par jeu. Si le chien se comporte bien et n'a pas l'air de considérer le petit animal comme une friandise insolite, retirez-lui sa muselière mais tenez-le en laisse pour pouvoir stopper à temps toute tentative d'agression. Attendez d'être sûr de ses intentions avant de le libérer, en agissant graduellement au cours de plusieurs séances de dressage.

Veillez quoi qu'il en soit à toujours nourrir les deux animaux séparément, et ne laissez pas le furet s'approcher quand le chien a l'un de ses jouets (un faux os, par exemple) dans la gueule. Évitez par principe de laisser le chien et le furet ensemble sans surveillance.

Plus petit qu'un chien, un **chat** représente un risque mineur pour le furet, mais n'en reste pas moins dangereux par les griffures qu'il peut infliger : un minet très en colère n'hésitera pas à s'attaquer aux yeux du furet. Là aussi, il convient d'agir avec précaution, en laissant les deux animaux s'habituer progressivement l'un à l'autre. Une personne tiendra le chat dans ses bras, et une autre le furet, en leur permettant de se flairer, mais à une distance de sécurité. L'entreprise devient beaucoup plus simple avec un chaton, mais il faut veiller dans ce cas également à ce que le furet ne lui fasse pas de mal en voulant jouer trop fort.

Il est conseillé de maintenir les **lapins** à l'écart des furets, même si avec beaucoup de patience, d'attention et un furet de bonne composition, rien n'empêche de les voir se lier d'amitié. Il s'agit cependant d'une amitié dangereuse : le furet pourrait se laisser emporter par son instinct de chasseur, dans la mesure où le lapin constitue l'une des proies naturelles qu'il a été entraîné depuis des siècles à détruire. Rappelez-vous que ce petit Mustélidé est capable d'attaquer et de tuer un lapin deux fois plus gros que lui. La façon de jouer des furets s'avère en outre trop rude pour un lapin, si bien qu'il ne faut jamais les laisser ensemble sans surveillance.

Les furets et les **petits rongeurs** (hamsters, rats, souris, gerbilles, etc.) sont absolument incompatibles. Les furets sont devenus au fil de leur évolution les prédateurs de ces derniers et l'instinct de la chasse finirait par l'emporter. Non seulement vous ne devrez pas chercher à ce qu'un furet se lie d'amitié

Une grande prudence est de rigueur lors des présentations de deux animaux qui ne se connaissent pas

avec votre hamster, mais il faudra même les empêcher de se flairer : le petit rongeur commencerait à s'agiter et le furet tenterait frénétiquement de l'attraper pour jouer avec lui.
La même remarque s'applique aux **oiseaux** : le furet les considérerait comme des proies potentielles. La cage des oiseaux doit donc absolument se trouver hors de sa portée, de préférence dans une pièce où il ne peut pas entrer. Rendez également inaccessibles les perroquets de grande taille, comme les amazones et les gris du Gabon, qui ont souvent très mauvais caractère et qui s'amusent, le cas échéant, à poursuivre et à tourmenter les chats de la maison, car la morsure d'un furet risquerait de leur être fatale.
Reptiles et furets ne vont pas ensemble, et il serait de toute façon insensé de chercher à ce qu'ils se lient d'amitié. Si vous avez un reptile dans un terrarium, maintenez le furet à l'écart. À la vue d'un prédateur potentiel, le reptile deviendrait nerveux, stressé, refuserait de manger et resterait caché en permanence, ce qui entraînerait de graves conséquences pour sa santé.
Les **poissons** représentent un splendide jeu pour les furets et doivent impérativement se trouver hors de leur portée. Non seulement le furet pourrait essayer de les attraper, mais il risquerait aussi de se noyer s'il réussissait à s'introduire dans un aquarium couvert.

La cohabitation entre furets

Sans avoir un sens du territoire particulièrement développé, les furets sont des animaux hiérarchiques, c'est-à-dire qu'ils ont tendance à établir entre eux un ordre de dominance. Une fois que ce dernier est défini et accepté, ils cohabitent sans problèmes, mais il faut compter un certain temps pour que cette bonne entente s'instaure quand on introduit un ou plusieurs individus supplémentaires. Les jeunes sujets accueillent beaucoup plus facilement les nouveaux venus ; plus l'individu est âgé, plus il met du temps à s'habituer à la présence d'étrangers, surtout s'il a toujours été le seul furet de la maison.
Lorsqu'on veut introduire un nouveau furet dans une maison qui abrite déjà un autre sujet adulte, il faut en principe toujours prévoir une période d'adaptation, plus ou moins longue suivant le caractère de l'animal. Si certains furets acceptent vite leur nouveau compagnon, d'autres demandent des semaines, voire des

Deux ou plusieurs furets peuvent devenir des amis inséparables, surtout s'ils se connaissent depuis leur plus jeune âge

mois. Installez-les tout d'abord dans des cages séparées, placées à côté l'une de l'autre, pour qu'ils puissent se voir et se flairer, et pour permettre à chacun de s'habituer à la présence de son voisin. En interchangeant les chiffons du nid, vous les aiderez à se familiariser avec leur odeur respective.

Les présentations doivent se dérouler dans un milieu inconnu des deux animaux, une pièce de la maison à laquelle votre furet n'a jamais eu accès, ou même dans une autre maison. Sur un territoire neutre, en effet, chaque sujet se retrouvera à égalité. Laissez-les tout d'abord se flairer mutuellement, en évitant soigneusement le moindre contact, et observez leurs réactions. Puis libérez-les, mais sans les quitter un instant des yeux : il est possible que le furet le plus âgé attaque l'autre ou bien joue de manière trop agressive en le traînant un peu partout comme s'il s'agissait d'un jouet, ce dont vous devrez l'empêcher. La méthode consistant à leur offrir simultanément leur nourriture favorite pour qu'ils la mangent de concert fonctionne parfois. Dès que vous ne pouvez plus les surveiller, séparez-les. Répétez ces séances pendant un certain temps et avant de les laisser tout seuls ensemble (surtout enfermés dans la même cage), assurez-vous que les deux sujets s'entendent bien et sont devenus amis.

Les furets jouent souvent entre eux de façon assez impétueuse, en se saisissant par le cou et les oreilles pour se traîner un peu partout. Ne prenez pas cela pour un combat mais, en cas de doutes, n'hésitez pas à les séparer. S'ils recommencent à jouer et si aucun des deux ne s'enfuit pour aller se cacher, cela signifie qu'ils étaient simplement en train de s'amuser.

Attention : les mâles adultes non castrés sont très agressifs à l'égard des autres mâles sexuellement actifs et risqueraient de tuer un furet étranger.

La reproduction

Si vous envisagez de vous lancer dans l'élevage des furets, commencez par vous pencher un instant sur plusieurs questions fondamentales. Que vous ayez l'intention de les vendre ou de les offrir, vous devez tout d'abord être absolument sûr de réussir à placer chacun des membres de la portée dans un foyer, sous peine de vous retrouver ensuite avec un nombre considérable de ces sympathiques animaux à vous occuper. Évitez, si possible, de donner les petits au premier venu pour vous en débarrasser et veillez au contraire à les confier à des personnes responsables et consciencieuses.

Par ailleurs, faire reproduire des furets suppose à l'évidence que vous possédiez des sujets non stérilisés. Cela comporte plusieurs inconvénients, depuis l'odeur intense et désagréable que dégagent des mâles et des femelles féconds jusqu'aux problèmes d'agressivité des étalons à l'égard d'autres mâles non castrés.

Dernier point, mais non des moindres : les femelles en chaleur qui ne sont pas accouplées s'exposent dans 50 % des cas à une forme d'anémie mortelle (l'hyperœstrogénie, voir page 84), de sorte qu'il faudra les faire reproduire systématiquement tous les ans.

Il est important que les reproducteurs ne soient pas apparentés entre eux, pour éviter d'assister à la naissance de petits anormaux. Si vous avez acheté les deux furets ensemble, ils viendront peut-être de la même nichée : renseignez-vous par conséquent sur leurs origines et n'hésitez pas à les exclure de la reproduction si le moindre doute subsiste en la matière. Une solution de remplacement consiste à stériliser votre mâle (ce qui présente l'avantage de réduire son odeur corporelle et son agressivité) et à vous procurer un autre mâle avec lequel vous accouplerez votre femelle le moment venu. Si vous n'avez qu'une femelle, informez-vous auparavant pour savoir où trouver un mâle (non stérilisé, bien entendu, ce qui s'avère parfois difficile), dans la mesure où l'accouplement doit avoir lieu peu de temps après le début des chaleurs, pour éviter les problèmes liés à l'hyperœstrogénie. Dernier conseil : avant de faire reproduire des furets, mieux vaut en posséder depuis un certain temps de manière à les connaître en détail et à jouir d'une solide expérience en ce qui concerne leur élevage.

Êtes-vous pret à voir votre maison envahie par une multitude de petits furets ?

La maturité sexuelle

La maturité sexuelle du mâle et de la femelle s'avère largement influencée par la photopériode, à savoir par la quantité d'heures de lumière par jour. Dans des conditions d'éclairage naturel, les furets deviennent sexuellement matures le printemps suivant leur naissance, à un âge compris entre 5 et 9 mois. La phase durant laquelle ils sont fertiles dépend également de la photopériode, et s'étend d'environ mars à septembre sous notre climat.
Cette durée peut néanmoins changer quand l'éclairage électrique vient perturber leur perception du jour et de la nuit. Maintenir un furet une partie de la journée dans une pièce obscure, comme en hiver, l'empêche d'entrer en rut.
Le terme œstrus (ou chaleurs) désigne la période d'activité sexuelle de la femelle et s'oppose à l'anœstrus, période d'inactivité. À la différence du chien, l'ovulation se produit seulement par le biais du coït ; dans le cas contraire, l'animal reste en chaleur jusqu'à ce que la photopériode raccourcisse et que la saison automnale débute.
La femelle n'accepte de s'accoupler avec le mâle que durant son cycle œstral, à savoir sa période de fertilité. Une femelle en chaleur se reconnaît aisément à sa vulve, qui augmente nettement de volume et devient particulièrement voyante.
On enregistre par ailleurs un petit écoulement mucoïde de couleur claire ; la présence de sang ou un écoulement semblable à du pus signale en revanche une anomalie et requiert d'emmener immédiatement l'animal chez le vétérinaire.
Une femelle en chaleur ne manifeste aucune attitude spécifique et, hormis un léger accroissement de son activité, ne change pas vraiment de comportement. Le mâle n'est lui aussi sexuellement actif qu'au printemps et en été, et dans son cas la période de fertilité se traduit par un grossissement des testicules et par un renforcement de son odeur corporelle si caractéristique.
Le furet, tant mâle que femelle, en chaleur urine fréquemment pour marquer son territoire, si bien que le poil de ses cuisses et de son abdomen s'avère souillé par ces mictions à répétition. À l'automne, avec le raccourcissement des journées, la vulve de la femelle réduit de volume, tout comme les testicules du mâle ; la période de reproduction s'achève, pour reprendre son cycle l'année suivante.
Les furets sont capables de se reproduire durant 3 ou 4 ans, après quoi ils ne sont plus fertiles.

L'accouplement

Au début de la saison de reproduction, le mâle peut déjà s'accoupler mais n'est pas encore en mesure de produire du sperme, de sorte que le coït demeurerait stérile. L'accouplement stimulerait l'ovulation chez la femelle, mais sans entraîner de fécondation. Il convient donc d'attendre que les testicules aient atteint leur taille maximale avant de permettre à l'étalon d'honorer sa compagne.
La femelle doit être accouplée dans les 10 à 14 jours suivant le début des chaleurs, à savoir quand sa vulve commence à enfler. Chez les furets, le rituel d'accouplement normal est très brutal, voire violent : le mâle saisit la femelle, entièrement soumise et sans réaction, par la peau du cou et la traîne un peu partout.
Fréquent, le coït dure entre quelques minutes et 2 ou 3 heures. Il ne faut pas laisser la femelle plus de 48 heures avec le mâle.

Une femelle en chaleur a parfois une vulve 50 fois plus grosse que la normale

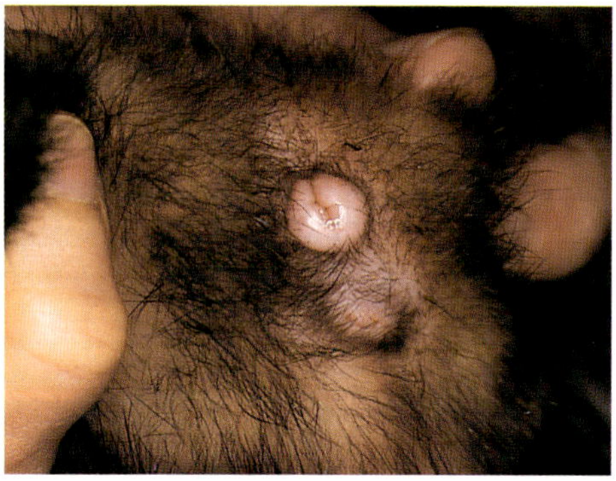

Mâle sexuellement mature : les testicules ont atteint leur développement maximum

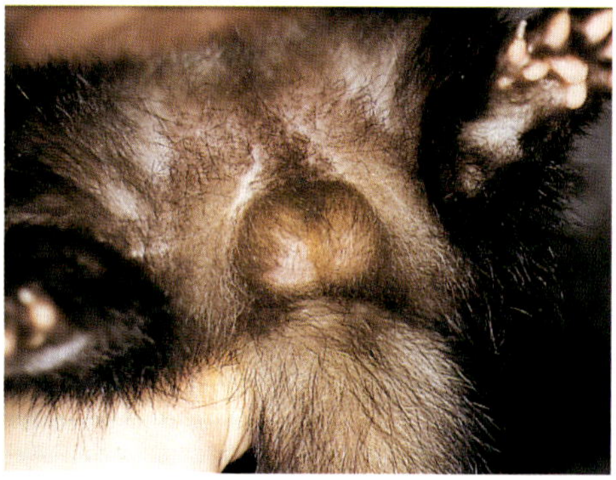

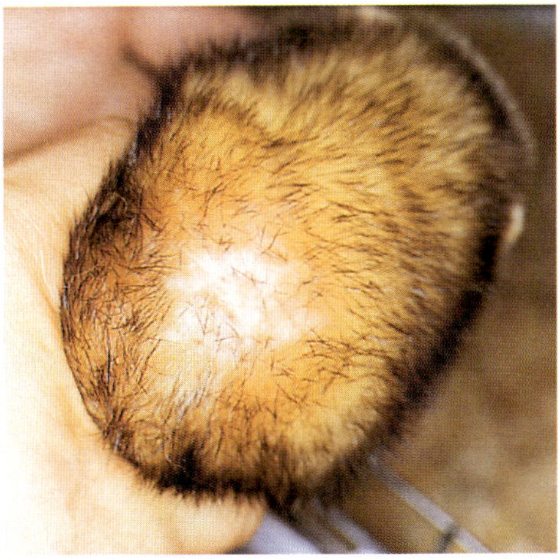

La femelle ne sort pas toujours indemne de l'agressif rituel d'accouplement : dans ce cas, le poil de la nuque a été arraché, là où le mâle a attrapé sa compagne à plusieurs reprises

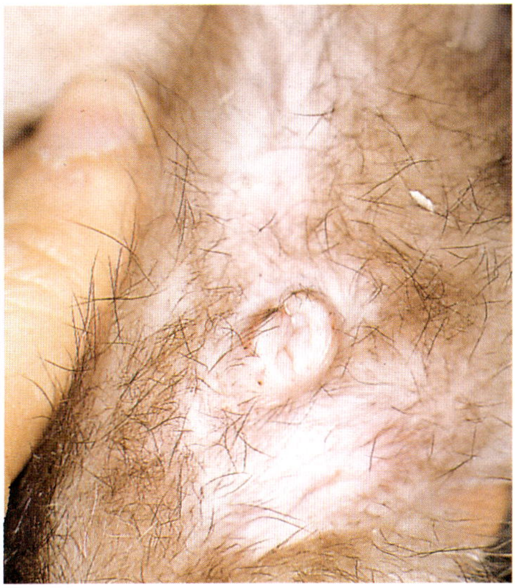

Peu de jours après l'accouplement, la vulve commence à diminuer de volume

La règle veut que l'on note très précisément le moment où l'accouplement a eu lieu, pour pouvoir calculer la date présumée de la mise bas et faire examiner la femelle si, l'heure venue, rien ne se produit.

La gestation

Si l'accouplement a réussi, la gestation débute et dure en moyenne 42 jours (38 jours minimum et 44 jours maximum). 2 ou 3 jours après le coït, la vulve commence à diminuer de volume et il se produit parfois un écoulement vaginal muqueux.
Le vétérinaire peut diagnostiquer la conception en palpant délicatement l'abdomen de la future mère, à 3 semaines.
La femelle pleine a tendance à dormir et à manger davantage : veillez à ce qu'elle ait toujours une grande quantité de nourriture d'excellente qualité à sa disposition. Pour le reste, sa vie ne subit pas beaucoup de changements, et elle ne requiert au début aucun soin spécifique (hormis, bien évidemment, le fait qu'il faut la manipuler avec précaution).
Mieux vaut que la mise bas et l'élevage des petits se déroulent à l'intérieur de la cage, pour éviter que la femelle ne les cache dans un coin de la maison où ils courraient trop de risques vu leurs dimensions réduites. Les deux dernières semaines de gestation, il convient donc de maintenir

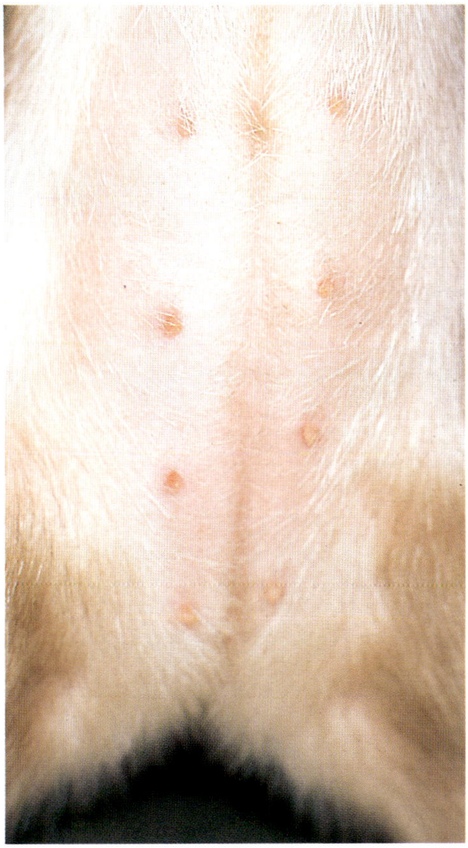

Abdomen d'une femelle pleine : les tettes sont bien visibles

la femelle enfermée dans sa cage, pour lui donner tout le temps de s'habituer avant la parturition. Dans le cas contraire, elle pourrait s'avérer si occupée à essayer de sortir qu'elle négligerait sa portée. La cage sera placée dans un endroit tranquille et abritera un nid confortable (généralement une boîte ou une corbeille garnie d'un chiffon moelleux). Pendant la gestation, rien ne s'oppose à ce que la future mère reste en compagnie d'autres furets ou bien du mâle (sauf s'il tente de s'accoupler), mais vers la fin, il est préférable de l'isoler car les petits pourraient être tués par les adultes. Environ une semaine avant la mise bas, la femelle commence à perdre beaucoup de poils (dont elle se sert parfois pour aménager son nid) et ses glandes mammaires grossissent. La veille de la parturition, elle se montre en général particulièrement calme et se désintéresse de sa nourriture.

La mise bas et l'allaitement

Les femelles n'ont généralement pas de problèmes à mettre bas compte tenu de la taille réduite des petits. La parturition dure en principe 2 heures, avec un intervalle de quelques minutes entre chaque naissance. Le nombre des bébés furets varie considérablement de 1 à 18, la moyenne se situant à 8 (10 pour une primipare). Les nouveau-nés revêtent de faibles dimensions (ils pèsent environ 8 à 10 g) et sont particulièrement immatures : aveugles, sourds et dépourvus de poils.

À mesure que les bébés furets voient le jour, leur mère entreprend instinctivement de les lécher, en les débarrassant des enveloppes fœtales et en déchirant le cordon ombilical de manière à les séparer du placenta. Les enveloppes et les placentas sont habituellement ingérés, même si toutes les mères ne le font pas. Ils constituent une source nutritionnelle pour la femelle, mais n'exercent aucune influence sur la production de lait.

Pendant la mise bas, la femelle n'a généralement pas besoin d'aide ; au contraire, il faut éviter de la déranger (en la tenant à l'écart des étrangers et des enfants, surtout), en assurant néanmoins un contrôle discret pour veiller à ce que tout se passe bien. Si l'animal entretient de solides rapports affectifs avec son maître, il supportera parfaitement sa présence mais ne le laissera pas prendre pour autant ses bébés. Certaines femelles réagissent même en attaquant quiconque tente de s'approcher de leur progéniture, auquel cas il convient de se montrer extrêmement prudent. À peine nés, les petits cherchent instinctivement à s'emparer d'une mamelle pour téter le lait ; certaines femelles n'entament l'allaitement qu'après la naissance de tous leurs bébés. On compte 8 mamelles, mais ce chiffre peut varier de 5 à 9.

Le nombre des petits peut être très élevé : il en naît en moyenne 8 par portée

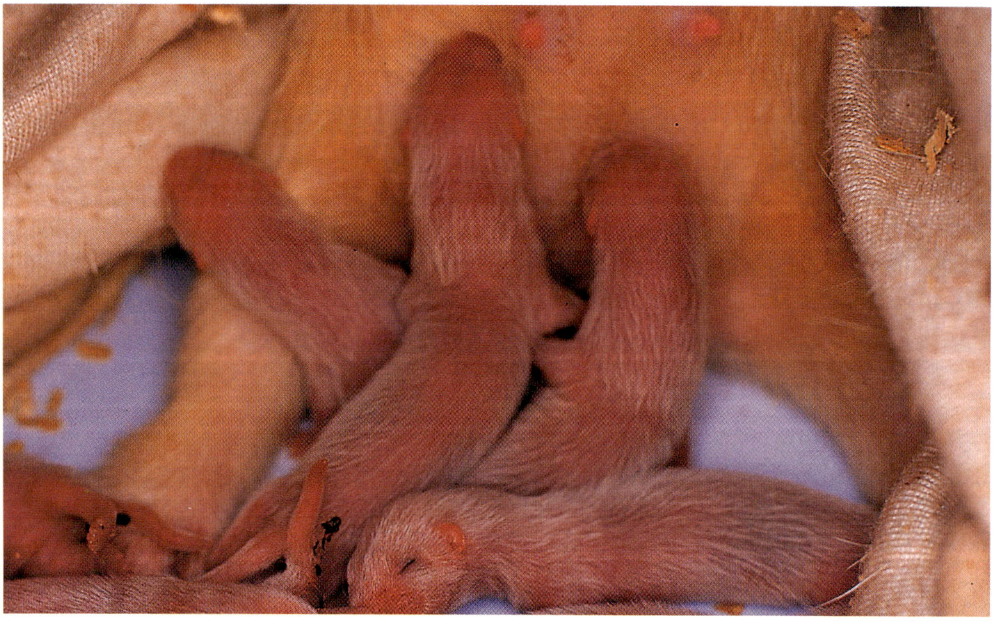

La mère n'éprouvera cependant aucune difficulté à allaiter un nombre de petits supérieur à celui de ses mamelles, car elle les nourrira « par rotation ». Dans le cas d'une portée particulièrement nombreuse, néanmoins, il est rare que tous les bébés furets réussissent à survivre. On a tort de croire que la mère rejettera ses petits si on les a touchés, mais il faudra manipuler ces derniers avec beaucoup de délicatesse.

Problèmes d'allaitement

Après la mise bas, il arrive parfois que la femelle ne parvienne pas à produire du lait. On s'en aperçoit en voyant les petits pleurer sans cesse et continuer de chercher les mamelles au lieu de rester solidement accrochés à une tétine pour boire. Le manque de lait requiert une intervention immédiate, faute de quoi la portée risque de mourir rapidement. Le vétérinaire peut stimuler la lactation par une injection d'ocytocine ; entre temps, il conviendra de sustenter les petits en leur administrant quelques gouttes de sirop de glucose.
Quand la parturition a été particulièrement longue et laborieuse, il est possible que le manque de lait soit dû à un état de prostration de la mère. Il s'avère alors très utile de lui distribuer de la nourriture semi-liquide avec une seringue sans aiguille, par exemple des aliments en conserve légèrement dilués dans de l'eau. On commence par offrir 15 ml de cette préparation une heure après le début de la mise bas, puis tout au long de la journée à une heure d'intervalle, avant d'espacer progressivement les prises. Cette méthode revêt tout son intérêt quand la mère refuse de s'éloigner de sa progéniture pour manger et pour boire, un comportement caractéristique des primipares. Une autre solution consiste à placer les bols de nourriture et d'eau tout près du nid, de manière que la mère puisse se nourrir sans quitter ses petits. Les jeunes furets grandissent à une vitesse surprenante, et leur mère doit produire une quantité considérable de lait. Il faut donc absolument qu'elle dispose en permanence d'une nourriture d'excellente qualité et d'eau fraîche. D'autres facteurs altèrent parfois la lactation, comme une infection des glandes mammaires (mastite) ou des affections systémiques (infections de l'utérus, cystites, etc.). En cas de doute, si la femelle ne semble pas produire de lait, faites-la examiner sans tarder par le vétérinaire. En agissant suffisamment tôt, il s'avère possible de rétablir la lactation à temps et de sauver les petits.

Le rejet des petits

Les furets femelles sont presque toujours des mères tendres et prévenantes, mais il arrive parfois que l'une d'entre elles ne manifeste pas le moindre instinct maternel et refuse de s'occuper de sa progéniture, ou finisse même par la tuer. Ce comportement apparaît dès la première mise bas et a peu de chances de s'améliorer au fil des parturitions. Mieux vaut alors abandonner toute velléité de la faire reproduire et se décider à la stériliser.
Certaines femelles primipares se montrent agitées au point d'empêcher leurs petits de s'accrocher pour téter et perdent ainsi rapidement leur aptitude à produire du lait. Quand la mère est trop nerveuse et semble effrayée par sa progéniture, il convient de l'apaiser. En la maintenant immobile d'une main, distrayez-la en lui offrant une friandise particulièrement appétissante. Vous permettrez ainsi aux bébés furets de s'emparer des mamelles et généralement, une fois redevenue calme, leur mère les laissera faire et commencera à en prendre soin.
La femelle manifestera également des signes de nervosité et d'agitation si vous l'installez dans un endroit pas assez tranquille ou si vous autorisez des étrangers désireux de voir la portée lui rendre de fréquentes visites. Dans ce cas aussi, il est possible qu'elle empêche les petits de téter en provoquant leur mort. On résout facilement ce problème en plaçant la cage dans une zone paisible et en interdisant à quiconque de déranger la petite famille.

Si la mère ne peut pas allaiter

On se retrouve quelquefois avec des petits qui, pour diverses raisons, ne peuvent pas profiter du lait maternel (maladies ou décès de la mère, rejet de la progéniture, portées trop nombreuses). Pour garantir la survie des jeunes furets, le mieux serait dans ce cas de pouvoir les confier à une autre femelle allaitante. Les femelles acceptent généralement sans difficultés les petits d'autrui, même de taille différente des leurs. Mais on ne dispose pas toujours d'une nourrice, et il faut alors recourir à l'allaitement artificiel. Cette entreprise s'avère d'autant plus ardue et contraignante que les orphelins sont jeunes. Outre le lait, la chaleur, les soins et les attentions qu'elle leur procure, la mère incite ses petits à uriner et déféquer en les léchant : une situation

bien difficile à reproduire artificiellement. Les deux principaux obstacles à surmonter sont :
– l'hypothermie, à savoir l'abaissement de la température corporelle des jeunes furets. Minuscules et dépourvus de poils, ces derniers se refroidissement en effet très vite et n'ont en outre pas encore développé la faculté de maintenir leur température corporelle suffisamment haut ;
– le risque que le lait administré passe accidentellement dans les poumons, en provoquant une pneumonie rapidement fatale.

Les troubles digestifs (météorisme, diarrhée) que l'emploi du lait maternisé, dont la composition diffère de celle du lait naturel, est susceptible d'engendrer constitue un autre danger potentiel.
Les deux premières semaines de vie représentent la période la plus critique pour les orphelins. Ceux qui perdent leur mère à la naissance ne reçoivent pas le colostrum (premier lait produit par la femelle, particulièrement riche en anticorps qui les protègent des maladies) et s'avèrent plus enclins à tomber malades. Ces animaux doivent être surveillés attentivement pour déceler à temps d'éventuels symptômes d'affections, dont le vétérinaire sera instantanément informé.

LA PSEUDOGESTATION

Lorsque la femelle s'est accouplée mais que, pour une raison quelconque, il n'y a pas eu fécondation, l'ovulation se produit néanmoins et se poursuit par ce que l'on appelle une pseudogestation. Cette dernière dure environ 42 jours, comme une gestation normale, et se caractérise par une augmentation du volume de l'abdomen et des glandes mammaires. Au terme de cette période, la femelle adopte le comportement d'une mère : elle cherche un nid et quelque chose ou quelqu'un à s'occuper. Il s'agit généralement d'un objet, une petite poupée par exemple, mais elle peut aussi consacrer son attention à un autre furet, un autre animal domestique, voire son maître, en essayant de l'entraîner dans son nid et en le léchant continuellement. Ce phénomène disparaît en principe au bout de quelques jours, après quoi la fausse maman recommence à se comporter normalement.

La nichée

Comment installer les orphelins

Les petits élevés sans leur mère doivent être maintenus dans un milieu propre et chaud, comme une **boîte** au fond garni de chiffons moelleux et d'une propreté irréprochable.
Le meilleur moyen de réchauffer le nid consiste à utiliser un **coussin thermoélectrique**, en le plaçant sous la boîte de manière qu'il ne garde qu'une moitié du fond au chaud et laisse une zone plus fraîche à la disposition des jeunes furets. On permet ainsi à l'orphelin de choisir la température qu'il préfère, en se rapprochant ou en s'éloignant de la source de chaleur.
On peut aussi recourir à des bouteilles d'eau chaude, mais ces dernières ne s'avèrent pas très pratiques car elles ont tendance à refroidir au fil du temps.

Il faut de la patience et de l'attention pour remplacer la mère, nourrir les petits et les maintenir en bonne santé

Une **lampe de table** ordinaire représente parfois une bonne solution : il suffit alors de modifier sa hauteur pour régler la température à l'intérieur du nid. Dans ce cas également, la lampe ne doit réchauffer qu'une partie de la boîte, de façon à toujours avoir une zone plus chaude et une autre plus froide. L'emploi d'**ampoules colorées**, rouges ou bleues, qui émettent moins de lumière, remédie à l'inconvénient d'un éclairage permanent.
Il convient de vérifier précisément avec un thermomètre la température à l'intérieur de la boîte. Les premiers jours de vie, elle s'élèvera à environ 34 °C, pour baisser ensuite progressivement de quelques degrés à mesure que le temps s'écoulera et que les petits grandiront.
Regardez si les bébés furets passent la plupart de leur temps à proximité ou loin de la source de chaleur, s'ils tremblent (seuls les plus âgés en sont capables) ou bien s'ils pleurent et sont froids au toucher.
Évitez à tout prix les courants d'air ; recouvrez au besoin la boîte avec un objet (couvercle, couverture, etc.) muni de fentes d'aération.
Le milieu chauffé devient sec, de sorte qu'en l'absence d'un mode de régulation de l'humidité de l'air ambiant, il convient de disposer un ou plusieurs récipients d'eau près de la boîte. Une humidité relative de 50 % aide à combattre la déshydratation et à humecter les voies respiratoires.
Il faudra enfin veiller à ce que le fond reste parfaitement propre, en changeant les chiffons à la moindre occasion.

Comment nourrir les orphelins

Pour administrer le lait aux petits, vous avez le choix entre une seringue sans aiguille et un compte-gouttes (sans le moindre résidu de médicament) qui, si j'en juge d'après mon expérience personnelle, s'avèrent bien plus efficaces que les biberons pour orphelins en vente dans le commerce. En tenant le bébé furet dans la paume de votre main, la tête vers le haut, vous introduirez l'extrémité de la seringue ou du compte-gouttes dans sa bouche en effectuant un léger mouvement de va-et-vient qui l'incitera à lever sa tête et à téter. Attention à ne pas verser trop de lait dans la bouche de l'animal sous peine de le voir ressortir par le nez et de provoquer une pneumonie par aspiration (le lait passe accidentellement dans les poumons) à l'issue fatale. Après chaque repas, vous veillerez à stimuler l'éructation pour éliminer les gaz qui se sont accumulés.
Les repas s'enchaîneront tout d'abord à un rythme très rapide (si possible toutes les 2 ou 3 heures), puis s'espaceront progressivement au fil des jours. Si les petits pleurent et sont agités, cela peut signifier qu'ils ont faim.
Au terme de chaque tétée, il faudra inviter les bébés furets à uriner et déféquer en massant délicatement la région située sous leur queue avec un tampon humide, comme le ferait leur mère en les léchant.
Les petits seront pesés quotidiennement à l'aide d'une balance de précision. Il est préconisé de noter soigneusement les principales informations, telles que le poids, la fréquence des repas et les quantités de nourriture correspondantes, ainsi que toutes les observations concernant la température, l'état de santé, etc.

La croissance

Les jeunes furets grandissent à vue d'œil. Leur mère reste en permanence avec eux, hormis les brefs moments où elle quitte le nid pour manger, boire et se rendre dans le bac à litière. Les bébés ne font du reste rien d'autre que téter et dormir.

Ce bébé furet de 3 semaines vient tout juste d'ouvrir les yeux, en prenant de l'avance sur ses frères et sœurs

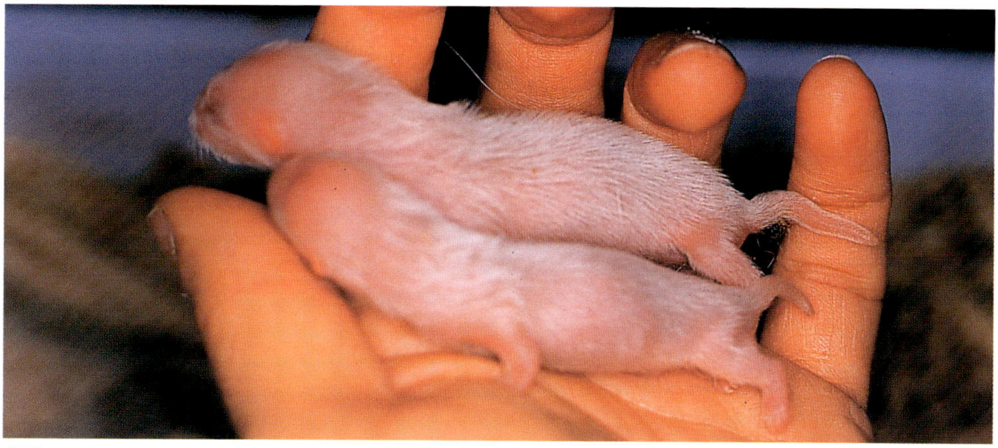

1er jour : les nouveau-nés ont les yeux et les oreilles fermés, mais on aperçoit déjà le poil

3 jours : les petits grandissent de jour en jour

Un bébé furet de 5 jours

À 2 semaines, on commence à distinguer la couleur du pelage

Un petit de 3 semaines. Il passe encore la plupart de son temps à manger et dormir

Le premier repas : les bébés furets ont encore les yeux fermés, mais prennent plaisir à manger

À l'âge de 3 semaines, on peut commencer à leur distribuer des aliments humides, qu'ils se mettront à consommer même s'ils n'ont pas encore ouvert leurs yeux (ce qui survient au bout de 3 ou 4 semaines).

Il s'agira soit de nourriture en conserve pour furets (ou pour chatons, d'excellente qualité), soit de croquettes détrempées, le tout mélangé à du lait maternisé pour chatons, de manière à obtenir une préparation de consis-

À 3 semaines, il convient de manipuler souvent les petits, en les cajolant et en jouant avec eux pour les rendre dociles et affectueux

tance semi-solide. Le lait de vache s'avère déconseillé car il n'est pas suffisamment nourrissant pour les petits Mustélidés. À partir de 3 semaines de vie, il convient de nettoyer souvent le nid où restes de nourriture et excréments commenceront à s'accumuler. Il faut absolument veiller à un parfait maintien de l'hygiène : les restes de nourriture seront donc éliminés après chaque repas, pour éviter que les bébés furets ne mangent des aliments avariés.
Le fond du nid sera pour sa part changé dès que le besoin s'en fera sentir.
Il est extrêmement important qu'à partir de l'âge de 3 semaines, les jeunes animaux soient manipulés fréquemment pour les habituer au contact de l'homme : ainsi, seulement, ils deviendront des adultes dociles et affectueux.
Chaque jour, par conséquent, passez un peu de temps avec eux, en les prenant dans vos mains et en les caressant (une opération par ailleurs très agréable).

Le sevrage

À l'âge de 6 semaines, les jeunes animaux doivent être progressivement séparés de leur mère, en commençant par le sujet le plus gros. Chaque jour, on isole un bébé (le plus gros qui se présente alors) de manière que la production de lait maternel s'arrête peu à peu.
Une fois qu'on les a séparés de leur mère, on distribue aux petits un mélange de nourriture en conserve pour furets ou chatons ou bien de croquettes détrempées et de lait en poudre pour chatons, tout en commençant à mettre aussi des aliments secs à leur disposition. On réduit ensuite graduellement la part d'aliments humides et on augmente celle des aliments secs, pour habituer les animaux à un régime final basé essentiellement sur les croquettes.
Les jeunes furets pourraient être confiés à leurs nouvelles familles dès l'âge de 6 semaines, mais nombreux sont ceux qui conseillent de les garder ensemble jusqu'à l'âge de 8 semaines, pour qu'ils apprennent à socialiser. Ne tardez pas trop

Habitué tout jeune, le furet se laisse manipuler sans difficulté

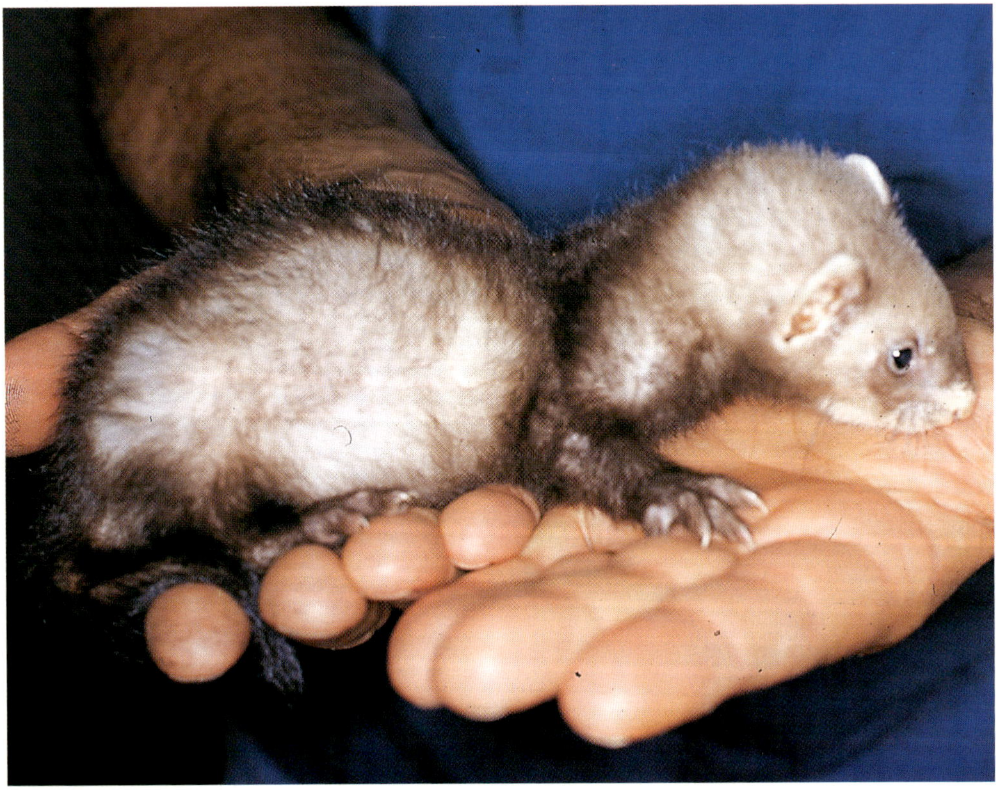

à chercher des candidats à l'adoption des petits, pour savoir déjà qui les accueillera le moment venu. Vous aurez moins de mal à placer d'adorables bébés de quelques semaines que des sujets devenus adultes. Transmettez aux nouveaux propriétaires tous les principaux renseignements concernant, surtout, l'alimentation, les vaccinations et la stérilisation. Le mieux consiste à préparer à l'avance des feuilles où noter chacune des informations essentielles, de façon à ne rien oublier. Après le sevrage, la mère entrera de nouveau en chaleur, sauf si l'on est en automne, auquel cas son cycle œstral ne reprendra qu'au printemps suivant.

Ce jeune furet est prêt à quitter sa famille pour un nouveau foyer

Les troubles du comportement

Le furet n'utilise pas le bac à litière

Il arrive souvent que le furet fasse ses besoins en dehors de son bac à litière. Il peut se comporter ainsi parce qu'au moment où une « urgence » se déclare, il ne se trouve pas à proximité du bac et ne parvient pas à s'y rendre à temps, si bien qu'il se laisse tenter par un petit coin plus proche. Si l'animal est libre de circuler dans une pièce assez grande, ou bien s'il a accès à plusieurs pièces, le problème se résout en disposant plusieurs bacs à litière dans des endroits stratégiques, de façon à ce qu'il y en ait toujours au moins un pas trop loin. À la place du bac, vous pouvez aussi utiliser des feuilles de journal ; en les fixant au sol avec du ruban adhésif, vous éviterez que le furet ne s'en serve pour jouer en se glissant dessous et en les réduisant en lambeaux. En installant les journaux ou les bacs dans des coins où l'animal s'est déjà soulagé, vous multiplierez les chances de le voir les utiliser à bon escient.
Pour lui faire comprendre à quoi sert le bac (et qu'il ne s'agit pas d'un petit terrain de jeu), déposez-y une faible quantité de selles ou de litière souillée. Tandis que le furet se promène dans la pièce où il joue de temps en temps, prenez-le pour le mettre dans le bac. Et quand il y aura enfin fait ses besoins, félicitez-le et récompensez-le en lui offrant une friandise.
Si le furet refuse de se soulager dans son bac, vérifiez que ce dernier n'est ni trop sale (le motif de son refus devient alors évident), ni trop propre (auquel cas il préfère le réserver pour jouer). Assurez-vous également que les bords sont d'une hauteur convenable pour lui permettre d'y accéder facilement, et abaissez éventuellement l'un des côtés, surtout dans le cas de jeunes animaux. Essayez aussi d'employer un autre type de litière. En cas d'« accident », vous pouvez gronder le furet, mais seulement si vous le prenez sur le fait : ne serait-ce que quelques minutes plus tard, il ne saisirait pas la raison de votre colère. Par ailleurs, ne cherchez pas à le punir en lui plongeant le museau dans ses déjections : il ne comprendrait pas non plus la signification d'une telle action et risquerait de croire que vous l'incitez à les manger. Nettoyez immédiatement et soigneusement la zone souillée, de manière à effacer l'odeur et à empêcher l'animal de la choisir de nouveau. Appliquez éventuellement l'un des désodorisants en aérosol spécialement conçus à cet effet.
S'il s'obstine à se soulager un peu partout dans la maison, reléguez-le dans sa cage jusqu'à ce qu'il recommence à faire systématiquement ses besoins dans son bac, et attendez qu'il ait fini avant de le libérer un court moment. Après quoi, lâchez-le dans une petite pièce, de façon qu'il puisse atteindre rapidement son bac. Dès qu'il se montre bien discipliné, augmentez son rayon d'action, mais n'hésitez pas à le confiner de nouveau s'il reprend ses mauvaises habitudes.
Rappelez-vous que même les furets les plus habiles ratent parfois leur cible : alors, soyez compréhensif !

Il mord

Les furets sont des animaux dociles et sociables : ils mordent rarement, et encore plus rarement par méchanceté. Il n'empêche que certains sujets peuvent créer des problèmes à cet égard. Il convient de distinguer deux cas de figure : le jeune furet, tout juste acheté, et le furet adulte.

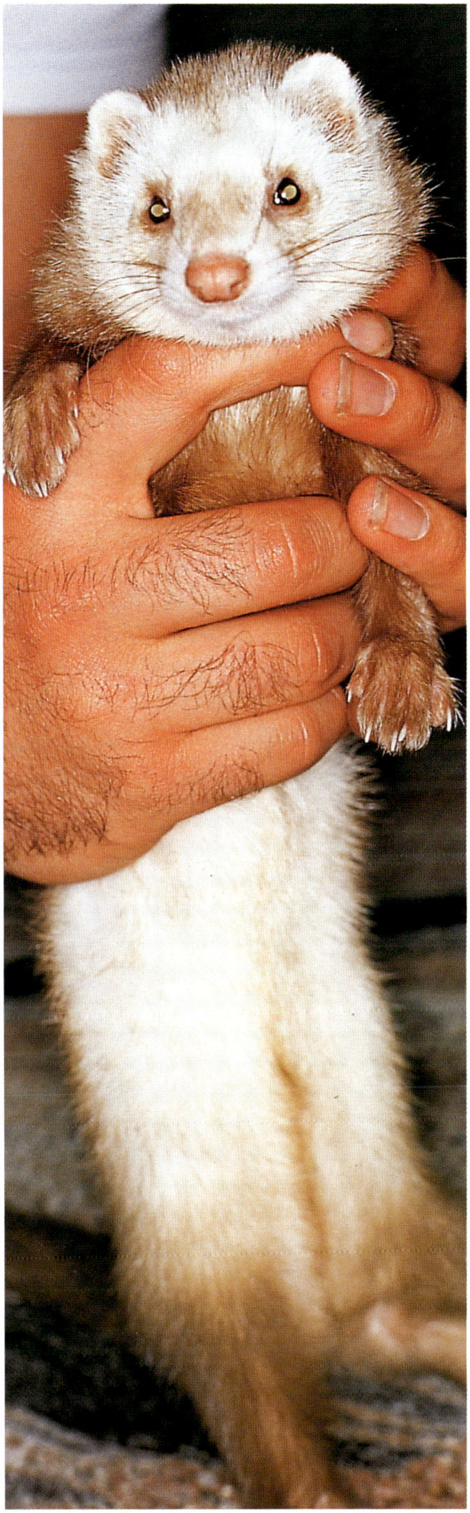

Le furet doit être docile et accepter de se laisser manipuler sans essayer de mordre

Le jeune furet

Vous venez d'acheter un furet de quelques semaines et quand vous jouez avec lui, il vous mordille les doigts et vous fait mal : il s'agit d'un comportement normal. Les jeunes sujets jouent en effet à se mordre, mais leur peau s'avérant beaucoup plus résistante que la vôtre, ils ne risquent pas de se blesser. Et lorsqu'ils se livrent aux mêmes jeux avec vous, ils ne réalisent pas que vous ne vous amusez pas autant qu'eux. Les chiots et les chatons se comportent eux aussi de cette manière. Il faut leur apprendre jusqu'où ils peuvent aller et leur faire savoir s'ils serrent trop fort. Un tel comportement disparaît en règle générale spontanément dès que le furet devient adulte.

Le problème a parfois une autre origine : avant l'achat, le jeune animal n'a toujours connu que sa mère et ses frères et sœurs, et n'a jamais été habitué à se laisser manipuler par des personnes. Il mord alors parce qu'il a peur et tente de se défendre du contact humain, qu'il perçoit comme une menace. Voilà pourquoi, avant de choisir un furet, il importe de le prendre dans vos mains et de le caresser, pour voir comment il réagit. Un peu de patience et d'affection suffisent néanmoins, dans la plupart des cas, pour que le petit hargneux se transforme en un docile animal de compagnie.

Le furet adulte

Si votre furet commence à mordre alors qu'il ne l'a jamais fait auparavant, il convient tout d'abord de procéder à un examen de contrôle. Un problème de santé se trouve parfois à l'origine d'un tel comportement : un animal qui éprouve une douleur à un endroit sera plus irritable et réagira très probablement en mordant quiconque le touche. Les raisons médicales une fois exclues, essayez de savoir ce qui pousse le furet à mordre.

Il aura peut-être compris, par exemple, qu'une morsure suffit pour que vous le posiez par terre en le laissant libre de circuler dans la maison. Quand il n'aura pas envie de rester dans les bras, le seul moyen de faire comprendre qu'il souhaite descendre consistera donc à mordre. Il n'agira pas ainsi par méchanceté, mais pour obtenir ce qu'il veut. Certains sujets mordent aussi lorsqu'ils se laissent emporter par la frénésie du jeu, sans se rendre compte qu'ils dépassent les limites autorisées et traitent leur maître comme un autre furet.

La peur figure également parmi les facteurs susceptibles de provoquer une morsure : si quelque chose effraye brusquement le furet, ce dernier peut réagir en attaquant. Ce phénomène survient soit dans un environnement nouveau, soit en présence de personnes étrangères ou d'autres animaux. Le problème se résout alors en lui permettant de s'acclimater petit à petit ou bien en évitant les situations qui constituent une source de frayeur. Le cas du furet abandonné par son précédent propriétaire justement parce qu'il a la désagréable habitude de mordre est le pire. Quand ce comportement résulte de mauvais traitements ou de négligences il s'avère possible, avec beaucoup de patience et de douceur, de réhabiliter un sujet « difficile » en lui faisant comprendre que tous les êtres humains ne sont pas cruels et qu'il n'a plus besoin de mordre pour se défendre. Il s'agit néanmoins d'une tâche qui demande parfois beaucoup de temps et qui comporte par ailleurs le risque de subir quelques morsures. Il existe enfin des furets mordants de nature, dont le comportement est jugé héréditaire : les sujets ayant mauvais caractère devraient être exclus de la reproduction, car leur progéniture présentera selon toute vraisemblance le même genre de problème.

Comment éduquer le furet qui mord

Tout animal doit être éduqué pour qu'il sache quels sont les comportements interdits. Veillez cependant à ne jamais frapper, pour quelque raison que ce soit, un furet : vous lui apprendriez que les êtres humains peuvent faire mal, et il réagirait en mordant encore plus. Chaque fois que le furet vous mord, commencez par lui dire « Non ! » sur un ton ferme, pour qu'il comprenne qu'il s'agit d'une attitude indésirable (surtout dans le cas où il joue avec trop d'enthousiasme). S'il continue de mordre, répétez l'ordre et, s'il persiste, saisissez-le par la peau du cou en le tenant en l'air. Les furets dominants utilisent cette méthode pour montrer qui commande : ce type de prise lui prouvera donc que vous êtes le chef. Vous pouvez aussi le secouer très délicatement, pour insister sur ce concept, mais ne le balancez pas dans le vide car vous risqueriez de lui faire mal. Reposez-le et, s'il recommence à mordre, répétez la manœuvre jusqu'à ce qu'il cesse. Un autre système consiste à l'enfermer immédiatement dans sa cage ou dans une cage de voyage dès qu'il mord, de manière à interrompre le jeu en le privant de compagnie et de divertissement. Punissez-le ainsi quelques minutes, puis libérez-le à nouveau. Enfermez-le systématiquement à chaque morsure, pour qu'il associe le fait de mordre avec l'isolement forcé. Dans le cas (plutôt douloureux) où le furet vous mordrait et ne lâcherait pas prise, vous le persuaderez, sans lui faire mal, d'abandonner la partie en lui mettant la tête sous le robinet d'eau (évitez de le noyer !) ou en lui pulvérisant de l'alcool dans la bouche (prenez bien soin d'épargner ses yeux). Il est évident qu'il ne faudra absolument jamais laisser des étrangers, et surtout des enfants, toucher un furet victime de troubles du comportement et ayant tendance à mordre.

Pour asseoir votre autorité sur le furet, soulevez-le quelques instants par la peau du cou. Dans le langage des furets, cela signifie : « c'est moi le chef ! »

La santé

Se comporter en maître responsable et s'occuper de son furet implique également de le faire examiner périodiquement. Des vaccinations et des contrôles réguliers s'avèrent indispensables au bien-être de votre petit préféré.
Si vous envisagez d'acheter un furet, renseignez-vous auparavant pour savoir où trouver un vétérinaire ayant l'habitude de ces animaux, et demandez-lui d'examiner le sujet que vous venez d'acquérir. Vous pourrez ainsi déterminer sans tarder si ce dernier souffre de problèmes de santé et établir avec le praticien un programme de prévention et de surveillance.
Le vétérinaire procédera à un examen clinique complet et définira les vaccinations à réaliser. Si le furet que vous avez acheté a déjà reçu un ou plusieurs vaccins, il devrait posséder un carnet de santé les mentionnant.

Une cage de voyage pour chat convient très bien pour emmener le furet chez le vétérinaire

VACCINATIONS : L'AFFAIRE DU SPÉCIALISTE

Seul le vétérinaire est habilité à administrer des vaccins aux animaux : il est donc déconseillé de vacciner soi-même son furet. Les vaccins pour chiens contre la maladie de Carré ou la rage ne conviennent en effet pas tous au furet : certains peuvent engendrer la pathologie, au lieu de protéger l'animal ; d'autres sont éventuellement inoffensifs, mais n'immunisent pas suffisamment le sujet. S'agissant de la grippe, la dose de vaccin à inoculer au furet diffère de celle préconisée pour les êtres humains. S'adresser au vétérinaire revêt aussi beaucoup d'importance parce que, avant de vacciner l'animal, il le soumettra à un minutieux examen général, primordial pour sa santé.

Vaccinations et visites médicales régulières s'avèrent indispensables pour maintenir le furet en bonne santé

Dans le cas contraire, si l'animal est sain, il sera vacciné lors de sa première visite. Ayez la bonne idée, à cette occasion, d'apporter un échantillon de selles qui feront l'objet d'une analyse visant à détecter la présence éventuelle de parasites intestinaux. Cette opération revêt une importance capitale dans le cas de jeunes sujets qui peuvent être infestés de coccidies (parasites intestinaux unicellulaires), à l'origine de problèmes de santé assez sérieux. D'autres types de parasites, comme les vers ronds et les ténias, sont plutôt rares chez les furets, mais un contrôle s'avère toujours utile. Suivant le lieu où vous vivez, le vétérinaire vous dira s'il convient ou non d'assurer une prévention contre la dirofilariose. Les visites se dérouleront tout d'abord à un rythme annuel,

LES VACCINS À FAIRE ET À NE PAS FAIRE

À faire	À ne pas faire
Grippe	Gastro-entérite féline
Maladie de Carré	Parvovirus de la gastro-entérite
Rage*	Leucémie féline
Leptospirose	

* Le vaccin antirabique est obligatoire pour emmener le furet à l'étranger.

Ce jeune furet âgé de 2 mois va recevoir son premier vaccin qui le protégera contre la maladie de Carré

pour les rappels de vaccin, puis bisannuel à partir de l'âge de 4 ou 5 ans, par mesure de prudence.

La stérilisation

Nous avons déjà dit combien il était important de stériliser les furets que l'on ne destine pas à la reproduction, pour remédier à des problèmes tant de « gestion » (mauvaise odeur, agressivité du mâle) que de santé (hyperœstrogénie chez les femelles).

La stérilisation consiste en une intervention chirurgicale réalisée sous anesthésie générale et constitue une opération de routine pour un vétérinaire ayant l'habitude des furets. Aussi bien les mâles que les femelles sont stérilisés d'ordinaire à l'âge de 6 ou 8 mois. Ce type d'intervention n'a aucune répercussion sur l'intelligence ou la personnalité de l'animal (hormis le fait qu'elle rend le mâle moins agressif), contrairement à ce que beaucoup de gens croient.

Chez le mâle, la stérilisation (orchiectomie, en termes médicaux) se traduit par l'ablation des testicules moyennant une incision du scrotum (leur enveloppe cutanée). On arrête ainsi la production d'hormones responsables de l'odeur dégagée par les glandes sébacées et de l'agressivité. Chez la femelle, l'opération (également connue sous le nom d'ovario-hystérectomie) s'avère un peu plus contraignante, dans la mesure où il faut inciser l'abdomen pour procéder à l'ablation des organes génitaux (ovaires et utérus). La femelle peut être stérilisée après le début des chaleurs, mais si elle est en œstrus depuis plus d'un mois, le vétérinaire réalisera au préalable une analyse de sang pour s'assurer qu'un phénomène d'hyperœstrogénie ne l'a pas déjà trop anémiée.

L'ablation des sacs anaux

Il y a encore peu de temps, on avait l'habitude de procéder à l'ablation des sacs anaux chez les furets, ces deux glandes situées de part et d'autre de l'anus et sécrétant un liquide à l'odeur intense et désagréable. Les furets peuvent vider le contenu de leurs poches quand ils sont excités ou effrayés, mais ce phénomène se produit rarement et « le parfum » s'évanouit de toute façon en quelques minutes. L'ablation chirurgicale des sacs anaux s'avère aujourd'hui déconseillée en tant qu'intervention de routine. Ces glandes ne créent en géné-

ral pas plus de problèmes que celles présentes chez les chiens et les chats, et leur retrait n'influe en aucun cas sur l'odeur dégagée par le furet. L'opération risque, en outre, quand elle n'est pas exécutée correctement, d'endommager le sphincter anal en entraînant un prolapsus du rectum. L'intervention s'impose éventuellement si le furet a tendance à vider trop fréquemment le contenu de ses sacs, ou bien si ces derniers sont victimes d'une maladie quelconque (infections ou tumeurs, par exemple).

La santé du furet âgé

Un furet est considéré comme âgé à partir de 4 ou 5 ans d'existence. Au fil des années, il a tendance à se calmer et à dormir davantage, mais il devient en contrepartie plus affectueux et doux. Il convient de respecter ses besoins et de le laisser se reposer quand il en a envie dans un endroit confortable. Il s'avère particulièrement important de mettre en permanence de l'eau fraîche et de la nourriture à sa disposition. Mieux vaut en général passer à un régime d'entretien à faible contenu protéique, toujours d'excellente qualité, en choisissant des aliments pour chats ou spéciaux pour furets. Lorsque l'animal commence à avoir des problèmes avec ses pattes arrière, assurez-vous qu'il n'a pas de mal à entrer ou sortir de sa cage et de son bac à litière. Au fil du temps, le pelage peut sembler plus sec et fragile ; il faut alors laver le furet le moins possible (de toute manière pas plus d'une fois par mois), en employant un shampoing doux. Au terme du bain ou entre deux bains, appliquez éventuellement un baume hydratant spécifique. Les coussinets des pattes deviennent parfois plus secs et plus durs : il convient alors de les assouplir en les enduisant régulièrement de crème hydratante (il en existe des spéciales pour chiens, qui conviennent également aux furets). La formation de tartre et la gingivite (inflammation des gencives) se rencontrent assez souvent chez les sujets âgés, surtout ceux qui consomment une nourriture tendre (en conserve). Le traitement est analogue à celui prescrit pour les chiens et les chats, et consiste en un nettoyage complet, réalisé sous anesthésie générale à l'aide d'un appareil à ultrasons. Les visites chez le vétérinaire doivent se multiplier : la règle veut que l'on fasse examiner son vieux compagnon tous les 6 mois. Le vétérinaire décidera, le cas échéant, d'effectuer des analyses de sang, extrêmement utiles pour contrôler l'état de santé de l'animal et révéler à temps la présence d'éventuelles maladies.

Les maladies

Les symptômes de malaise

Éternuements

Des éternuements peuvent constituer les symptômes d'une infection des voies respiratoires supérieures, mais les furets éternuent souvent à cause de la poussière qu'ils inhalent en ayant l'habitude de flairer partout.

Vomissement

Les furets ont tendance à vomir plus rarement que les chiens et les chats.
Parmi les nombreuses causes possibles, l'ingestion de corps étrangers et les affections stomacales prédominent. Cette manifestation nécessite d'emmener immédiatement l'animal chez le vétérinaire.

Un maître responsable fait examiner son furet dès le premier signe de malaise

Diarrhée

Il ne s'agit pas d'une maladie en soi, mais d'un symptôme aux causes très variées chez le furet. En cas de diarrhée, réfléchissez pour savoir si vous avez donné à votre petit compagnon un aliment pouvant se trouver à l'origine de ses problèmes, comme du lait ou une trop grande quantité de fruits ou de légumes, et distribuez-lui uniquement ses croquettes habituelles. Si le phénomène se poursuit au-delà de 24 heures ou si le furet manifeste d'autres symptômes (vomissements, prostration, manque d'appétit, etc.), ou bien encore en présence de sang dans les excréments, faites-le examiner immédiatement en prenant soin d'emporter un échantillon de selles. Suivant les informations fournies par le maître (âge, régime alimentaire, durée des symptômes, faculté de circuler en liberté dans la maison, etc.) et les résultats de la visite clinique, le vétérinaire décidera si un simple traitement suffit ou bien s'il vaut mieux procéder à des contrôles plus poussés (analyses de sang et radiographies, entre autres).

Anorexie

Les furets font de nombreux petits repas en raison de leur métabolisme rapide ; le refus de s'alimenter (anorexie) constitue presque toujours un signe de maladie et une raison de faire examiner l'animal. Assurez-vous qu'il ne s'agit pas d'une réaction à la distribution d'une nourriture peu appréciée (si vous avez par exemple tout juste changé de marque) et que le furet a bien de l'eau à sa disposition. Le mauvais fonctionnement du biberon figure en effet parmi les causes d'anorexie les plus banales. Quand l'animal ne peut pas boire, il cesse aussi très vite de se nourrir. Au bout de 24 heures de refus, emmenez sans tarder votre compagnon chez le vétérinaire.

Démangeaisons

Les furets se grattent souvent, même sans raison précise. Face à des démangeaisons répétées, il faut suspecter la présence de parasites (de puces, en particulier) ou une sécheresse cutanée excessive. Réduisez dans ce dernier cas la fréquence des bains et appliquez éventuellement un baume hydratant.

Chute du poil

La mue, qui survient au printemps et en automne, est parfois si brusque qu'elle laisse le

Les furets se grattent souvent

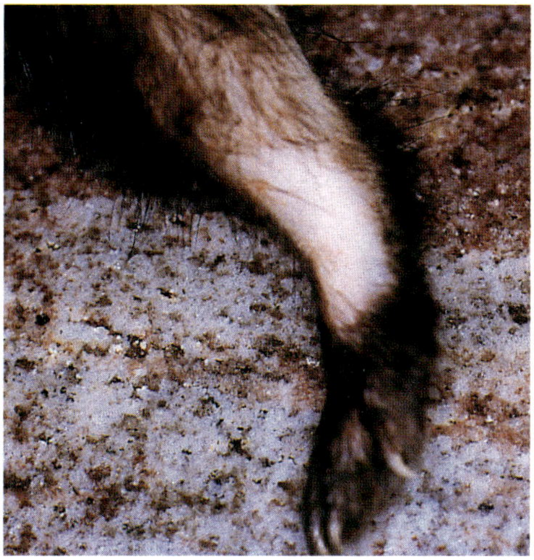

Principale cause de chute du poil, la mue est parfois si brusque qu'elle laisse la peau presque nue, comme sur les pattes de ce furet...

Observez toutefois, sur la patte avant, le poil foncé qui commence déjà à repousser

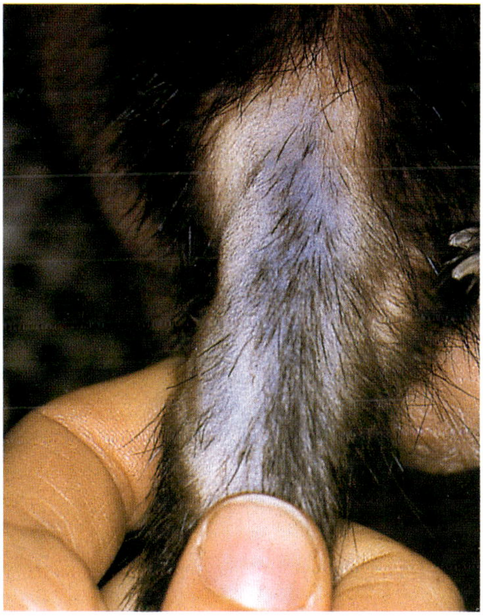

furet avec des zones de peau presque nues, mais le poil a tôt fait de repousser. La femelle perd beaucoup de poils à l'approche de la mise bas, ce qui n'a rien d'anormal.
Parmi les autres causes d'alopécie, citons des troubles hormonaux ou de graves carences alimentaires, qui requièrent l'intervention du vétérinaire.

Augmentation du volume de la vulve chez la femelle stérilisée

Si la femelle a été stérilisée, il n'est pas normal que sa vulve augmente de volume. On distingue deux causes :
– une tumeur des glandes surrénales ;
– un morceau d'ovaire resté après l'intervention chirurgicale, qui continue de fonctionner et de produire des hormones.

Il se peut également que la femelle ait été considérée à tort comme stérilisée (suite à de mauvaises informations fournies par le précédent propriétaire ou par le marchand). Dans tous les cas, il convient de faire examiner au plus vite l'animal, car d'éventuelles chaleurs prolongées risquent de lui être fatales.

Faiblesse

La cause la plus fréquente est l'hypoglycémie (diminution du taux de glucose dans le sang), qui peut à son tour résulter d'une tumeur du pancréas (insulinome), d'une anorexie, d'infections généralisées, de maladies systémiques, etc. Les pathologies cardiaques, l'anémie et les intoxications se trouvent elles aussi, parfois, à l'origine d'un affaiblissement.
Une faiblesse des membres postérieurs dérive également dans certains cas d'affections ou de traumatismes de la colonne vertébrale.

QUAND UN CONTRÔLE VÉTÉRINAIRE S'IMPOSE

Voici d'autres symptômes qui nécessitent un contrôle vétérinaire : toux, sialorrhée, écoulement et croûtes au niveau du nez et des yeux, changements de caractère (agressivité ou calme excessif), amaigrissement, respiration anormale.

Les principales affections

Loin d'être exhaustif, ce bref exposé des principales maladies susceptibles de frapper les furets entend attirer votre attention sur d'éventuels problèmes de santé, pour vous permettre d'intervenir à temps, avant que la situation ne s'aggrave. N'ayez jamais recours à des traitements

improvisés, et adressez-vous toujours à un vétérinaire connaissant bien ces animaux.
Dans tous les cas, si votre petit compagnon ne semble pas aussi vif que d'habitude, ou bien à l'apparition du moindre symptôme, faites-le examiner au plus vite. Un diagnostic et une thérapeutique précoces peuvent augmenter considérablement ses chances de guérison.

Maladie de Carré

Causée par un virus qui frappe aussi le chien, la maladie de Carré s'avère toujours mortelle chez le furet. La période d'incubation varie de 7 jours minimum à 3 semaines maximum. Les premiers symptômes sont les suivants : inappétence, conjonctivite, écoulement oculaire et nasal muqueux ou purulent. Puis la fièvre se déclare, accompagnée d'une rougeur, d'un épaississement de la peau et d'une éruption cutanée sous le menton et à l'intérieur des cuisses, ainsi que d'un épaississement des coussinets plantaires (hyperkératose). Les manifestations initiales ressemblent en tout point à celles de la grippe, mais les phénomènes cutanés caractéristiques permettent de diagnostiquer avec certitude la maladie de Carré. Il convient alors d'euthanasier l'animal pour lui épargner des souffrances inutiles. Quand on laisse la maladie suivre son cours, le furet meurt inéluctablement 20 ou 25 jours après le début des symptômes.
Dans la mesure où il s'agit d'une maladie incurable, la prévention vaccinale revêt une importance primordiale.
La maladie de Carré ne représente aucun danger pour les êtres humains auxquels elle n'est pas transmissible.

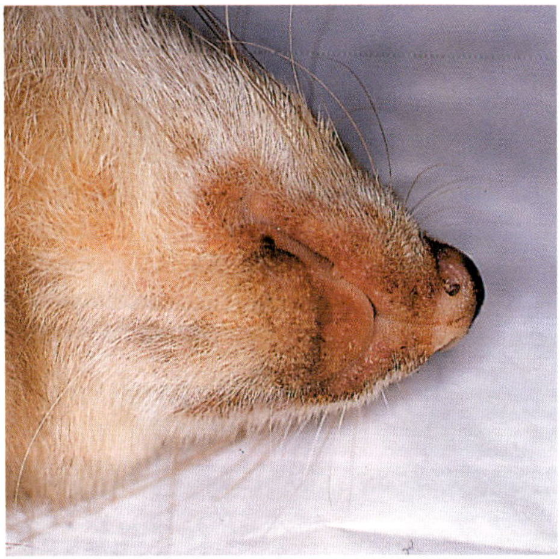

Lésions dues à la maladie de Carré : épaississement et inflammation de la peau du museau...

...et épaississement notable des coussinets plantaires (hyperkératose)

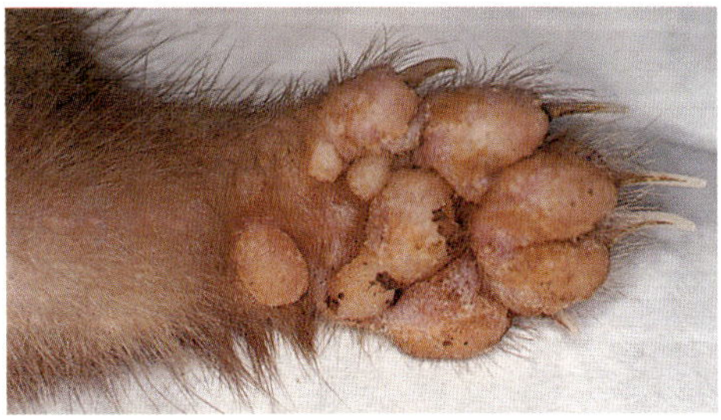

LA VACCINATION CONTRE LA MALADIE DE CARRÉ

Premier vaccin	6-8 semaines
Deuxième vaccin	10-12 semaines
Troisième vaccin	13-14 semaines
Rappels	une fois par an

Grippe

Les furets sont sensibles au virus de la grippe humaine, qu'ils contractent directement ou indirectement par le biais d'une personne ou d'un congénère et qu'ils peuvent à leur tour transmettre aux humains. L'affection a généralement une évolution bénigne et guérit spontanément en 1 ou 2 semaines, comme chez l'homme.
L'incubation dure entre 2 et 10 jours. Les symptômes cliniques sont semblables à ceux de la grippe humaine, à savoir : abattement, éternuements, écoulement nasal séreux, conjonctivite et larmoiement, toux, fièvre, perte d'appétit et, plus rarement, vomissements et diarrhée.
Le traitement de fond consiste essentiellement à garder le furet au calme et au chaud, à aiguiser son appétit en lui offrant des aliments particulièrement attrayants et en lui administrant éventuellement des solutions réhydratantes par voie buccale. Si l'animal refuse de manger pendant plus d'une journée, semble particulièrement abattu ou bien si les symptômes persistent du-

Chez les furets comme chez les humains, la grippe n'a pas d'issue fatale

rant plusieurs jours, la visite du vétérinaire s'impose. Ce dernier prescrira des antibiotiques uniquement en cas d'infections bactériennes secondaires, et des antihistaminiques pour combattre des éternuements extrêmement fastidieux. Quand quelqu'un tombe malade dans la maison, il doit éviter tout contact avec le furet pour ne pas le contaminer, et les autres membres du foyer veilleront à se laver les mains avant et après avoir touché l'animal. Si vous avez plusieurs furets, isolez immédiatement les sujets malades des individus en bonne santé, et appliquez les mêmes précautions d'hygiène. La maladie pouvant être fatale aux nouveau-nés, il faudra empêcher à tout prix les personnes grippées d'avoir le moindre contact avec la mère et ses petits. Les conséquences de cette affection s'avèrent aussi plus graves chez les sujets âgés et ceux affaiblis. On peut protéger les furets de la grippe en utilisant le même vaccin que pour les humains, mais dosé différemment.

Mycose

La mycose est une infection de la peau provoquée par des champignons, qui peut aussi toucher tous les animaux domestiques et même les humains, en se transmettant des uns aux autres, et vice versa. Les furets en sont très rarement victimes. La lésion se traduit par une zone cutanée rouge et sans poil, plus ou moins recouverte de croûtes. La maladie n'est pas grave et la guérison survient en général spontanément. Mais dans la mesure où elle s'avère transmissible aux humains, mieux vaut la soigner moyennant l'application locale d'un produit antifongique ou de médicaments administrés par voie buccale.

Coccidiose

Les coccidies sont des parasites microscopiques (protozoaires unicellulaires), parfois responsables d'une diarrhée sérieuse, voire mortelle, chez les jeunes furets. Le diagnostic s'établit grâce à un examen coprologique, même si un résultat négatif n'exclut pas la maladie. En cas de certitude ou de simple doute quant à sa présence chez le furet, le traitement consiste à administrer un sulfamide et, éventuellement, à réhydrater l'animal. Prise à temps, cette affection se soigne aisément. Les coccidies ne se transmettent pas à l'homme.

Mites d'oreilles

Les furets sont souvent victimes d'un parasite des oreilles, l'*Otodectes cynotis*, un minuscule

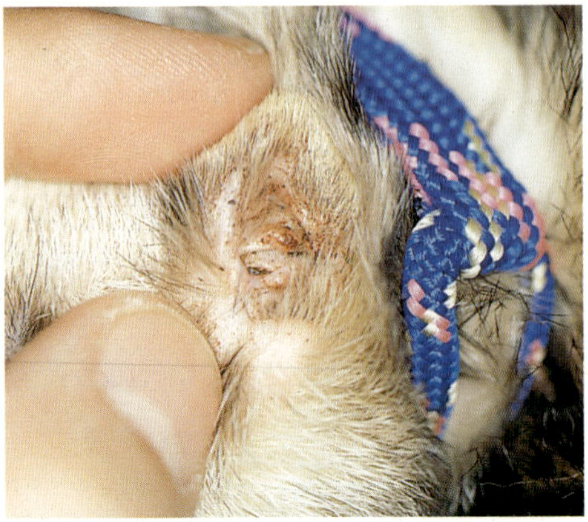

Le vétérinaire peut déterminer si le furet est victime des mites d'oreilles (comme ici sur la photo) et le soigner facilement

acarien presque invisible à l'œil nu, qui infeste également les chiens et les chats (mais pas les humains) et qui s'avère excessivement contagieux. Ce parasite engendre un prurit (même si bon nombre de furets ne manifestent pas la moindre gêne) et stimule la sécrétion d'un cérumen foncé qui s'accumule dans les oreilles. Le vétérinaire éliminera facilement l'intrus par une série d'injections.

Infestations de parasites externes

Les **puces** constituent un problème très courant chez le furet, surtout si ce dernier a des chiens et des chats dans son entourage. Pour éliminer définitivement ce parasite gênant, il convient de traiter simultanément tous les animaux présents (autres furets, chiens, chats, lapins, etc.), même si ces derniers ne semblent pas infestés, ainsi que le milieu ambiant, faute de quoi rien ne les empêchera de transmettre de nouveau des puces à votre petit compagnon.
Les produits qui, appliqués sur l'animal, interrompent le cycle vital de la puce au stade de l'œuf ou de la larve s'avèrent très pratiques et rendent le traitement de l'environnement superflu ou bien moins contraignant.
Il faut absolument éviter les colliers antipuces (en raison du risque que l'ingestion d'un morceau fait courir au furet en l'exposant non seulement aux problèmes liés à l'introduction d'un corps étranger, mais aussi à une intoxication), les produits à base d'organophosphates et, de manière générale, tous les insecticides à ne pas employer pour un chat.
Aucun produit n'est spécifiquement adapté au furet, mais certains insecticides pour chats se sont avérés sans danger et efficaces.
Un furet peut aussi attraper des **tiques** d'autres animaux ou du milieu ambiant (généralement dès qu'il y a de l'herbe), même si cela arrive rarement. L'application d'une goutte d'alcool ou d'huile (d'olive, par exemple) sur le parasite facilite son retrait de la peau : au bout d'une minute, on saisit la tique à la base avec une pince à épiler, on l'enlève en tirant et on désinfecte la peau.
Causée par des acariens microscopiques (*Sarcoptes scabiei)*, la **gale** est une affection de la peau très peu fréquente chez les furets. Elle se manifeste par une perte de poils et un prurit intense. Elle s'avère heureusement extrêmement simple à soigner, car une série d'injections d'ivermectine permet au vétérinaire d'éliminer complètement le parasite.

Dirofilariose (ver du cœur)

La dirofilariose est une grave maladie parasitaire provoquée par un ver (*Dirofilaria immitis*), dont la forme adulte s'établit à l'intérieur du cœur. Elle frappe principalement le chien, mais peut aussi toucher le chat, le furet et les Mustélidés en général. En piquant l'animal pour lui sucer le sang, les moustiques transmettent ce parasite au stade de larve microscopique.
Les symptômes sont les suivants : léthargie, toux, difficultés respiratoires, ascite (accumulation de liquide dans l'abdomen). La mort survient parfois brusquement. La réalisation d'une analyse de sang permet de confirmer le diagnostic de la dirofilariose. La prévention s'effectue durant la période d'activité des moustiques et consiste à administrer un médicament par voie buccale, une fois par mois.

Hyperœstrogénie

Cette importante maladie du furet femelle dérive du cycle de reproduction spécifique de ces mammifères. L'ovulation a lieu uniquement si la femelle s'accouple ; dans le cas contraire, elle peut rester en chaleur des mois durant, jusqu'à l'automne. Son corps continue alors de produire des œstrogènes, des hormones qui ont pour effet collatéral d'occasionner, au fil du temps, des dommages à la moelle osseuse : cette dernière réduit, puis cesse complètement sa fabrication de globules rouges, de globules

L'hyperœstrogénie, qui survient parfois quand la femelle en chaleur ne s'accouple pas, est un phénomène très grave et potentiellement mortel

blancs et de plaquettes. L'hyperœstrogénie s'accompagne des signes cliniques ci-après : dépression, anorexie, pâleur des muqueuses, petites hémorragies cutanées, présence de sang dans les selles, propension à contracter des infections bactériennes (infections de l'utérus, pneumonie, septicémie). La mort survient généralement dans les 2 mois suivant le début de l'œstrus. Ce problème touche environ 50 % des femelles qui entrent en chaleur mais ne s'accouplent pas. Au moment du diagnostic, quand les symptômes ont fait leur apparition, la situation s'avère en principe déjà très grave. Pour prévenir cette pathologie, les femelles doivent être accouplées ou bien stérilisées. À défaut, le vétérinaire peut recourir à des produits qui déclenchent l'ovulation, dès le dixième jour après le début des chaleurs. Il s'agit toutefois d'une mesure palliative, en attendant de stériliser ou de faire reproduire ultérieurement l'animal.

Le traitement consiste à susciter l'œstrus à l'aide des produits susmentionnés, ou bien à pratiquer une stérilisation chirurgicale si la numération des plaquettes et les analyses de sang ne s'y opposent pas. Pour tenter de sauver les sujets chez qui les symptômes se sont déjà déclarés, la règle veut que l'on procède à de nombreuses transfusions de sang.

Il ne faut absolument jamais administrer aux femelles les contraceptifs à base de progestérones utilisés pour empêcher les chiennes et les chattes d'avoir leurs chaleurs, car ils provoquent de graves problèmes de santé.

Blocage intestinal et corps étrangers

La présence de corps étrangers dans l'estomac et le blocage intestinal sont des problèmes que l'on rencontre assez fréquemment chez les furets, en raison de leur curiosité innée et de l'intérêt qu'ils éprouvent pour les objets en caoutchouc, en mousse et en plastique mou. Les amas de poils qui se forment dans l'estomac quand l'animal se lèche, surtout en période de mue, constituent une autre cause de blocage intestinal.

Parmi les symptômes, qui n'ont rien de spécifique, citons l'anorexie, la nausée (qui se manifeste par une sialorrhée et par le fait que l'animal se frotte la gueule avec ses pattes), les vomissements (parfois), la faiblesse, la déshydratation et la présence de sang dans les selles. En cas de blocage partiel, qui s'accompagne de symptômes intermittents, on peut tenter d'éliminer le corps étranger moyennant l'administration de laxatifs pour chats, trois fois par jour durant trois jours. Un blocage intestinal complet s'avère très grave et représente un véritable cas d'urgence. Le furet semble très abattu, avec un abdomen éventuellement enflé et douloureux. Il convient alors de procéder immédiatement au retrait chirurgical du corps étranger.

Il est donc recommandé d'administrer aux furets un laxatif pour chats, deux ou trois fois par semaine, et d'enlever du milieu fréquenté par l'animal tout objet susceptible d'être ingéré.

Coup de chaleur

Lorsqu'ils se trouvent dans un milieu trop chaud, les furets ne sont pas en mesure d'abaisser la température de leur corps en suant, à l'inverse des humains. Pour ces animaux, la chaleur devient excessive à partir de 27 °C ; au-dessus de 30-32 °C, ils risquent un coup de chaleur. La situation sera d'autant plus grave que l'humidité ambiante sera élevée et qu'ils ne disposeront pas d'eau fraîche. On voit alors apparaître les symptômes suivants : prostration, respiration haletante, tremblements musculaires, qui débouchent sur le coma, puis la mort. La première mesure à prendre consiste à placer le furet dans un lieu ombragé et aéré, et à le mouiller avec de l'eau tiède (pas froide : la température corporelle ne doit pas descendre trop vite). Juste après, il convient d'emmener l'animal chez le vétérinaire ; même s'il semble se rétablir, les conséquences d'un coup de chaleur peuvent se manifester à plusieurs jours d'intervalle. Il faut donc prévenir ce grave problème en installant la cage dans un endroit frais, à l'abri du soleil, et en mettant toujours de l'eau fraîche à la disposition de l'animal. Durant les journées les plus chaudes, n'hésitez pas à vaporiser le furet d'eau. Attention aux voyages en voiture : renoncez aux trajets en pleine chaleur si vous n'avez pas l'air conditionné, et ne laissez jamais l'animal tout seul dans un véhicule en stationnement.

Insulinome

Il s'agit d'une tumeur du pancréas très courante chez les furets, surtout chez les sujets âgés de 3 à 7 ans, et souvent associée à l'hyperadrénocorticisme. Les symptômes consistent en des crises de faiblesse périodiques, des nausées, une incoordination, une parésie ou une paralysie des pattes arrière, et des convulsions. Un dosage de la glycémie après un jeûne de 4 à 6 heures vient confirmer le diagnostic de l'insulinome. Le traitement, médical ou chirurgical, permet de contrôler les effets de l'hypoglycémie.

Tumeurs des glandes surrénales

Les tumeurs des glandes surrénales s'avèrent très fréquentes chez les furets. Une seule ou bien les deux glandes peuvent être touchées. Les signes cliniques comprennent une perte de poils progressive partant de la queue et s'étendant vers l'abdomen et le dos. La peau ne présente aucune inflammation, mais a tendance à s'amincir ; on n'enregistre généralement pas de prurit. On observe souvent chez les femelles une augmentation du volume de la vulve. Les symptômes peuvent régresser spontanément à l'automne et réapparaître au printemps, en s'aggravant peu à peu. Un examen échographique ou une exploration chirurgicale vient confirmer le diagnostic. Le traitement privilégié consiste en l'ablation de la glande malade.

Tumeurs cutanées

Les furets peuvent être victimes de plusieurs types de tumeurs cutanées. Chaque fois que vous observez un nodule ou une tuméfaction sur la peau de votre petit compagnon, faites-le examiner au plus vite. L'ablation des tumeurs cutanées doit s'effectuer sans tarder, à la fois parce que l'intervention sera d'autant plus simple qu'elle sera précoce, et parce que l'on réduit ainsi les risques d'assister au développement de métastases.

Lymphome

Le lymphome est une tumeur du tissu lymphoïde, qui frappe aussi bien les jeunes furets (même les petits de quelques mois) que les sujets âgés. On ignore la cause de cette affection, mais on soupçonne certains cas d'être d'origine virale. La maladie peut demeurer muette très longtemps, voire des années, avant de se déclarer, et seuls les résultats anormaux d'une analyse de sang permettent de la détecter. L'augmentation du volume des nœuds lymphatiques ou de la rate, l'amaigrissement, la perte d'appétit, la faiblesse, la diarrhée et les difficultés respiratoires figurent parmi les symptômes.
On pose le diagnostic grâce à des analyses de sang, des biopsies (de ganglions, de la rate ou d'autres organes) et des radiographies. Le traitement consiste en une chimiothérapie, susceptible de prolonger l'existence de très nombreux sujets.

Maladies gastro-intestinales

En raison de leur intestin plutôt court, les furets s'avèrent prédisposés à la diarrhée. On distingue de nombreuses causes : erreurs alimentaires, virus, bactéries, parasites, affections métaboliques, corps étrangers, substances toxiques, tumeurs. La plus banale étant la distribution d'aliments inadaptés, comme le lait et les crèmes glacées (du fait de la présence de lactose), ou de faible valeur nutritionnelle, comme ceux à base de protéines végétales, plus difficiles à digérer pour les furets. Une brusque modification du régime peut aussi engendrer des troubles intestinaux. La diarrhée se manifeste par ailleurs très souvent chez des sujets soumis à des événements stressants : introduction de nouveaux animaux, changement d'environnement ou de litière. Il s'avère dans la pratique très difficile de déterminer l'origine exacte d'une diarrhée, et l'on a la plupart du temps recours à un traitement symptomatique. Le furet doit absolument être réhydraté, pour combler la perte de liquides, et alimenté de force s'il refuse sa nourriture.

LES MALADIES TRANSMISES PAR LE FURET

Comparé à d'autres animaux domestiques ou exotiques installés au sein de nos maisons, les maladies que le furet peut nous transmettre sont vraiment peu nombreuses. Le seul risque avéré dans la pratique concerne la grippe, une maladie virale à laquelle le furet s'avère sensible, qui frappe les humains, mais que l'animal contracte également parfois de ces derniers.
La rage, une autre maladie virale cette fois extrêmement grave, représente un danger infime pour un furet vivant à l'intérieur. La mycose, une affection cutanée provoquée par des champignons, est elle aussi très rare. La salmonellose, engendrée par une bactérie intestinale et transmise par contact avec les selles, constitue en théorie une éventualité, mais quelques simples précautions d'hygiène (comme le fait de se laver les mains) suffisent en réalité pour l'éviter.
Le furet est l'animal de compagnie idéal pour les personnes allergiques aux chiens et aux chats, car ce petit mammifère n'a pas de pellicules.

LES FURETS AMÉRICAINS TOMBENT DAVANTAGE MALADES

Aux États-Unis, les furets de compagnie ont une espérance de vie moyenne de 5 à 7 ans seulement, sont considérés comme déjà vieux à 3 ans et s'avèrent particulièrement exposés aux tumeurs. Il suffit de penser que l'insulinome frappe environ 50 % des sujets, et que les tumeurs des glandes surrénales et les lymphomes se rencontrent aussi très fréquemment. Heureusement, ces problèmes restent beaucoup plus rares chez les furets européens. On ignore la raison pour laquelle les furets américains sont si prédisposés aux tumeurs. Certains imputent la responsabilité d'un tel phénomène à la forte consanguinité. Aux États-Unis, presque tous les furets dérivent en effet de quelques sujets importés, et leur reproduction est aujourd'hui assurée quasi exclusivement par une seule entreprise : Marshall Farm. D'autres mettent en cause la stérilisation extrêmement précoce, pratiquée à seulement 3 ou 4 semaines de vie, dont les furets font l'objet avant d'être introduits sur le marché et qui altérerait le fonctionnement des glandes surrénales.

La mouffette : un autre Mustélidé chez soi

Des 11 espèces de mouffettes qui existent, celle que l'on élève le plus couramment comme animal de compagnie est la mouffette rayée (*Mephitis mephitis*), originaire d'Amérique du Nord où son élevage en captivité se pratique depuis 200 ans.
La couleur la plus commune est le noir, avec une raie blanche sur le front et des taches blanches sur la tête qui s'étendent au corps et, parfois, à la queue en formant une seule bande ou deux bandes parallèles. Outre le noir, il existe plusieurs coloris qui vont de l'albinos (pelage entièrement blanc) au marron foncé, en passant par le crème. Le corps mesure entre 31 et 46 cm de long, et la queue, de 18 à 40 cm. Le poids varie de 1 à 6 kg, ce qui donne une large gamme de tailles. Les mâles sont généralement plus gros que les femelles.
Il s'agit d'un animal plantigrade, qui marche donc sur la plante de ses pieds dotés chacun de cinq doigts aux griffes non rétractiles lui permettant de creuser.
Les mouffettes sont des créatures nocturnes et omnivores ; dans la nature, elles se nourrissent d'insectes, de vers, de baies, de végétaux, d'œufs, de fruits, de petits animaux et de charognes. Le régime dépend de la saison et de la nourriture disponible ; dans la pratique, elles mangent tout ce qu'elles ont l'occasion de trouver. La différence entre le mâle et la fe-

Jeune mouffette de 3 mois

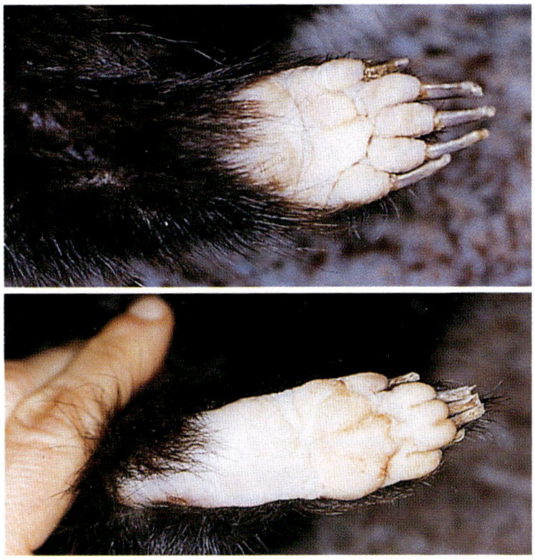

Gros plan de la patte avant (en haut) et arrière d'une mouffette

melle est évidente et reflète celle du furet. Chez le mâle, on distingue le prépuce sur la face ventrale de l'abdomen, sous l'ombilic ; chez la femelle, on observe la vulve à côté de l'anus. Les mouffettes sont capables de se reproduire à l'âge de 1 an. Les femelles entrent en chaleur une seule fois dans l'année, même si parfois, suite à une gestation qui n'a pas été jusqu'à son terme, un deuxième œstrus se produit. L'accouplement a lieu entre la mi-février et la mi-mars ; la gestation dure 60 à 77 jours (ce gros écart peut être dû à un retard dans l'implantation des ovules).
On compte en moyenne 5 à 6 petits par portée ; ils pèsent environ 30 g à la naissance et s'avèrent très immatures, nus, sourds et aveugles. Leurs yeux s'ouvrent au bout de 3 ou 4 semaines ; allaités durant à peu près 6 semaines, le sevrage intervient en règle générale à 2 mois. En captivité, la durée de vie moyenne est de 10 ans ; mais alimentées correctement, vaccinées et stérilisées, les mouffettes dépassent souvent l'âge de 20 ans. S'occuper d'une mouffette revient donc à s'engager à long terme : une considération importante à faire avant l'achat !

LA CLASSIFICATION DE LA MOUFFETTE RAYÉE

Classe	Mammifères (Mammalia)
Ordre	Carnivores (Carnivora)
Superfamille	Canidés (Canoidea)
Famille	Mustélidés (Mustelidae)
Sous-famille	Méphitinés (Mephitinae)
Genre	*Mephitis*
Espèce	*mephitis*

UNE FAMILLE À PART ?

De récentes études génétiques réalisées sur plusieurs familles de carnivores tendent à démontrer que les mouffettes n'ont pas un rapport très étroit avec les autres espèces de Mustélidés. Certains chercheurs ont par conséquent proposé d'inclure les mouffettes dans une famille à part : les Méphitidés (Mephitidae).

Le crâne de la mouffette

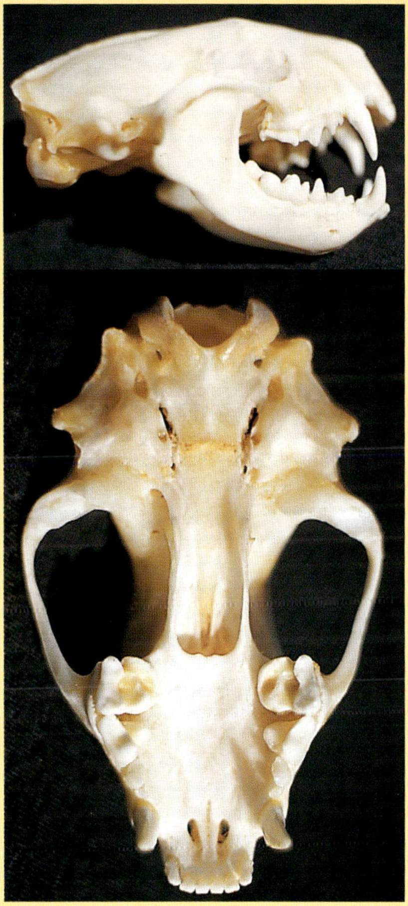

UNE PUISSANTE ARME CHIMIQUE ET UN INGRÉDIENT POUR LES PARFUMS

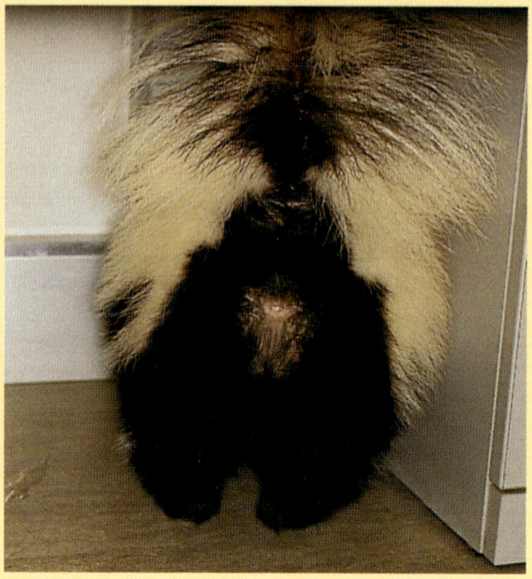

Attitude défensive typique des mouffettes : tourner son arrière-train en direction de l'agresseur potentiel. Heureusement, l'ablation des sacs anaux a rendu les mouffettes domestiques inoffensives !

Le nom scientifique de la mouffette, *Mephitis mephitis*, dérive du latin « fétide ». Ce terme si peu prestigieux repose sur le moyen de défense spécifique de ce Mustélidé. La mouffette possède en effet la faculté de projeter contre un agresseur, avec une précision et une rapidité incroyables, le contenu toxique de ses sacs anaux. En tournant son arrière-train vers l'attaquant, elle pulvérise le liquide à 2 ou 3 m de distance. On a réalisé de nombreuses études sur la nature chimique de cette sécrétion glandulaire, constituée en grande partie de composés organiques du soufre. Il s'agit d'une arme chimique très puissante. Quand elles frappent un individu, les fines gouttelettes peuvent occasionner des nausées, des brûlures de la peau, des yeux et des voies respiratoires supérieures, une cécité temporaire, des convulsions et une perte de connaissance. Curieusement, le contenu de ces poches sert de base à la fabrication de parfums. Les mouffettes en vente dans les animaleries ont déjà subi l'ablation des sacs anaux ; si vous en achetez une auprès d'un éleveur privé, assurez-vous qu'il a déjà veillé à l'exécution de cette opération primordiale. Une mouffette dotée de sacs anaux intacts n'est vraiment pas un bon animal de compagnie ! En cas de besoin, les projections seront neutralisées à l'aide d'eau de javel diluée, à rincer ensuite abondamment à l'eau.

La mouffette, animal de compagnie

Une mouffette élevée et socialisée par les humains dès son plus jeune âge constitue un excellent animal de compagnie, même si elle s'avère assez exigeante sur le plan affectif. Beaucoup de temps et d'attentions sont nécessaires pour la rendre et la garder docile et affectueuse. Il faut la manipuler tout bébé et la cajoler souvent, en l'habituant à se laisser couper les griffes et brosser les dents, de manière que, une fois adulte, elle se prête volontiers à ces opérations. Comme le furet, la mouffette ne doit pas vivre constamment en cage et a tendance à redevenir sauvage si on néglige de s'en occuper ; elle ne conviendra donc pas à ceux qui ne lui prodigueront pas les soins et l'affection qu'elle requiert. Passer du temps avec une mouffette ne représente pas une tâche pénible, mais s'avère au contraire très divertissant car il s'agit d'un animal intelligent, dynamique et joueur.

Très curieuse, la mouffette a tendance à fouiller et fouiner partout, en déplaçant les meubles et en fourrant son nez dans les moindres recoins, mais elle n'exerce généralement aucune action destructrice sur le mobilier de la maison. Offrez-lui des jouets sans danger, sans pièces détachables susceptibles d'être ingérées, comme ceux préconisés pour les furets. Placez à une distance de sécurité les plantes d'intérieur, à la fois pour empêcher votre amie de les endommager en creusant la terre du pot avec ses pattes, et parce que bon nombre de plantes d'appartement sont toxiques. Rangez en lieu sûr tous les objets fragiles et de valeur qu'elle risquerait de faire tomber et d'abîmer.

Avec une jeune mouffette, de taille très réduite, il convient de prendre les mêmes précautions que celles concernant le furet, pour éviter

Quand on ne peut pas laisser la mouffette circuler librement dans la maison, il convient de la maintenir en sécurité dans une cage spacieuse et robuste

Pour emmener la mouffette en promenade, utilisez une solide cage de voyage pour chat

qu'elle ne se glisse dans un trou ou ne trouve le moyen de s'échapper à l'extérieur par une fente. À l'instar du furet, la mouffette restera enfermée dans sa cage, sauf quand vous l'autoriserez à circuler librement dans la maison sous votre étroite surveillance. Cet animal a en effet spontanément tendance à faire ses besoins dans les coins, de sorte qu'il faudra lui apprendre à se soulager dans le bac à litière, ce qui ne présente d'ailleurs pas de grosses difficultés. De dimensions appropriées à la taille de la mouffette, très robuste et facile à nettoyer, la cage contiendra une « tanière » S'agissant du récipient d'eau, optez de préférence pour un biberon qui ne sera ni souillé, ni renversé.
Rien ne s'oppose à ce que de jeunes sujets vivent ensemble dans la même cage, mais les adultes doivent être logés séparément. Une mouffette en liberté dans la maison requiert une surveillance constante si cette dernière abrite d'autres animaux et des enfants en bas âge. Ne la laissez jamais s'approcher de chiots, de chatons, de lapins, de petits rongeurs, d'oiseaux, car elle risquerait de les tuer.
Pour l'éduquer et corriger un mauvais comportement (comme le fait de gratter le tapis ou de grimper sur le canapé), n'ayez jamais recours à la manière forte, mais grondez-la sur un ton ferme. La méthode consistant à l'éclabousser d'eau avec un vaporisateur rend parfois service, car les mouffettes apprécient très peu ce genre de traitement. En agissant progressivement et en faisant preuve de beaucoup de patience, vous pourrez également l'habituer à se promener en laisse. Préférez un modèle de harnais qui passe devant et derrière les pattes, nettement plus sûr et qui ne risque pas de s'enlever. Au début, la mouffette essayera de résister et de se libérer, mais avec le temps, elle se pliera à votre volonté et vous suivra dehors. Choisissez un endroit tranquille. Ne la lâchez jamais à l'extérieur : très active et curieuse, elle s'éloignerait mais aurait du mal à revenir sur ses pas, n'ayant pas le réflexe de rentrer chez elle, et vous finiriez par la perdre.

Alimentation et soins

L'une des erreurs que l'on commet le plus souvent dans l'élevage de la mouffette consiste à lui distribuer une nourriture identique à celle du furet. Bien qu'elle appartienne à la famille des Mustélidés, la mouffette requiert en effet un régime complètement différent. La nourrir avec des denrées riches en protéines animales et en matières grasses, comme les aliments pour chats, revient à l'exposer à de graves problèmes (obésité, insuffisance rénale) qui ne manqueront pas d'abréger son existence.
La ration doit se composer, à n'importe quel âge, de 90 % de végétaux. Les 10 % restants comprendront des fruits (en faible quantité), du fromage frais maigre, du yaourt maigre (une cuillerée par jour pour un sujet adulte), de la viande de poulet et de la nourriture pour chiens (ration d'entretien, en évitant celle pour chiots, pour chiens en plein croissance et de type premium). On peut administrer quotidiennement un complément vitaminique pour chats et, une fois par semaine, un œuf.
Les pâtisseries, les crèmes glacées, les aliments frits et gras, la nourriture pour chat, la nourriture en conserve pour chiens (humide) et

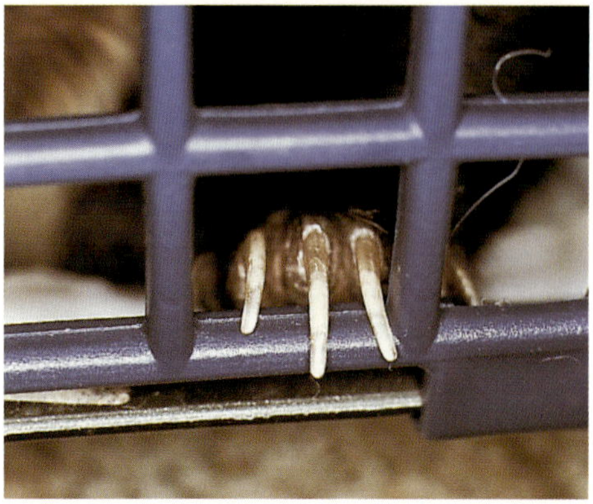

Les griffes ont tendance à pousser de façon démesurée quand on ne les coupe pas régulièrement

le chocolat (toxique) sont absolument à éviter. À 4 semaines, les repas auront lieu quatre fois par jour. On préparera par exemple une salade de légumes coupés en menus morceaux : salade, carottes, concombres, tomates, petits pois, maïs, champignons, chou, agrémentés de quelques morceaux de fruits, etc. Les jeunes sujets bénéficieront en supplément de nourriture pour chiens d'excellente qualité (d'entretien, pour chiens adultes), détrempée dans de l'eau ou du lait maternisé. De temps à autre, on offrira un biscuit, du fromage, du yaourt ou de la viande cuite. À 8 semaines, on peut opter pour la version sèche des aliments pour chiens, à raison de 10 à 20 croquettes maximum par jour ; le nombre de repas quotidiens se réduit par ailleurs à 3, puis à 2 entre 3 et 4 mois, en diminuant encore la quantité de nourriture pour chiens.
À 4 mois, soit on passe à un seul repas par jour, soit on continue de diviser la ration alimentaire totale en deux repas. Contrairement aux furets, les mouffettes n'ont pas besoin d'avoir de la nourriture en permanence à leur disposition. Leur régime est essentiellement végétarien ; on peut leur proposer des croquettes pour chiens âgés en très faible quantité, qui seront ensuite complètement éliminées à partir de l'âge de 5 ans. Le poids doit être surveillé, car les mouffettes ont tendance à grossir de façon notable quand elles sont trop nourries.
Les soins requis par la mouffette ne diffèrent pas beaucoup de ceux prodigués au furet. Il convient de tailler souvent les griffes, pour les empêcher de pousser de manière excessive et leur éviter de se casser. Les problèmes de dépôt de tartre et de gingivite qui apparaissent au fil des ans seront prévenus par un nettoyage dentaire régulier. Là aussi, les conseils fournis pour le furet s'appliquent. Enfin, les infestations de puces seront combattues à l'aide des produits préconisés pour le furet.

Traitements vétérinaires

Les mouffettes doivent absolument être soumises à l'ablation des sacs anaux, mais les animaux vendus dans le commerce ont déjà subi cette intervention. Ces Mustélidés seront vaccinés contre la maladie de Carré, en suivant la même procédure que pour le furet, et feront l'objet d'un programme de prévention contre la dirofilariose dans les zones à risque. Au moment d'administrer le vaccin annuel, le vétérinaire procédera à un examen de contrôle ; en présence de tartre, il préconisera un nettoyage dentaire. Lorsque vous emmenerez votre nouvelle acquisition passer sa première visite, n'oubliez pas d'emporter un échantillon de selles pour la recherche d'éventuels parasites intestinaux. Contrairement au furet, la mouffette peut être infestée de parasites internes extrêmement dangereux pour les humains (vers du genre *Baylisascaris*). Une infestation massive risque en outre de causer sa mort.
À l'âge de 3 ou 4 mois, les mâles et les femelles seront stérilisés. Ces animaux peuvent atteindre leur maturité sexuelle dès 3 mois, même si leur croissance se poursuit jusqu'à 18 ou 24 mois. Quand elles ne se reproduisent pas, les femelles non stérilisées s'exposent à de sérieux problèmes de santé. Pendant les chaleurs, elles s'avèrent très agitées, mangent moins, maigrissent mais, surtout, deviennent assez agressives. Le cycle œstral dure entre 2 et 4 semaines. Si la stérilisation n'a pas lieu avant les premières chaleurs, des troubles du comportement peuvent continuer de se manifester pendant plusieurs mois.
Un mâle non castré connaîtra les mêmes ennuis qu'une femelle, à la différence près qu'il se montrera d'une agressivité considérable plus longtemps. Il convient de le stériliser dès qu'il commence à adopter ce genre de comportement, ou bien dès que les testicules descendent dans le scrotum, à 3 mois. Il est absolument déconseillé de tenter de faire reproduire des mouffettes chez soi, dans la mesure où une mère avec ses petits devient extrêmement agressive à l'égard de son maître, qui doit pour sa part avant tout organiser l'ablation des sacs anaux chez les jeunes sujets, puis leur trouver un logement.

Adresses utiles

En France, il n'existe aucune spécialisation reconnue sur la médecine du furet ou de la mouffette. Les vétérinaires qui s'occupent des Mustélidés le font donc par intérêt personnel et par passion. Vous trouverez, à l'École nationale vétérinaire de Maisons-Alfort, un département spécialisé dans les nouveaux animaux de compagnie dont fait partie le furet :

École nationale vétérinaire
7, avenue Charles de Gaulle
94705 Maisons-Alfort Cedex
Tél. : 01 43 96 71 85
Fax : 01 43 75 20 72

On peut trouver bon nombre de renseignements concernant le furet et la mouffette sur certains sites Internet :

www.wanimo.fr
www.aufuret.ch
www.furets.com

Certains ne s'avèrent malheureusement accessibles qu'à ceux qui possèdent une solide connaissance de l'anglais.

Ferret Central
http://www.ferretcentral.org/index.html

Principal site sur les furets, il fournit une pléthore d'informations utiles sur son élevage en captivité, ses jeux, sa sécurité et ses maladies.

The Ferret Pad
http://members.xoom.com/_XMCM/FerretPad/main.html

Site très coloré et attrayant, qui renseigne sur l'élevage et les soins, diffuse des comptes rendus sur les produits et fournit des explications sur les couleurs, accompagnées de nombreuses images.

Skunk As Pets, Inc
http://www.geocities.com/Heartland/Prairie/1568/skunklady/

Une page web très simple, mais regorgeant d'informations sur la mouffette.
Elle contient des articles rédigés par des éleveurs passionnés à l'expérience confirmée, ainsi que des liens avec d'autres sites sur les mouffettes.

Les passionnés ne manqueront pas de s'intéresser à cette revue américaine entièrement consacrée aux furets de compagnie :

Ferrets
P.O. Box 55983
Boulder, CO 80322-5983
Fax 303 604-7455
e-mail : fancy@neodata.com

Index analytique

Achevé d'imprimer en mai 2003
à Milan, Italie,
sur les presses de Grafiche Milani

Dépôt légal : mai 2003
Numéro d'éditeur : 8096